Bernd Möbs

Zu Fuß zu Stuttgarts Dichtern

Bernd Möbs

Zu Fuß zu Stuttgarts Dichtern

Literarische Spaziergänge

Silberburg-Verlag

Umschlagvorderseite:
Staffelaufgang in Stuttgart,
Alfred Andersch (Porträt oben),
Ludwig Börne (Porträt Mitte),
Anna Haag (Porträt unten).

Umschlagrückseite:
Friedrich Wolf (Porträt oben),
Arthur Rimbaud (Porträt Mitte),
Emma Aberle (Porträt unten).

1. Auflage 2008

Umschlaggestaltung: Anette Wenzel, Tübingen.
Kartengrundlagen: Landeshauptstadt Stuttgart,
Stadtmessungsamt, »Übersichtskarte
im Maßstab 1 : 30 000« (Innenteil) und
»Bezirksübersichtskarte im Maßstab 1 : 100 000«
(vordere Umschlaginnenseite),
jeweils bearbeitet durch den Verlag;
Stuttgarter Straßenbahnen AG, »Stadtbahnliniennetz«
(hintere Umschlaginnenseite).
Druck: Gulde-Druck, Tübingen.
Printed in Germany.

ISBN 978-3-87407-780-4

Inhalt

Eine »sagenhafte Geschichte« anstatt eines Vorwortes

Vor vielen Jahren kam ein junger Mann aus dem Norden Deutschlands in die Hauptstadt des Schwabenlandes. Er fühlte sich hier sofort wohl, entdeckte die Großstadt zwischen Wald und Reben, spazierte die Hügel hinauf und hinunter und erkundete die vielen Stadtteile jenseits des Kesselrands, seien es Feuerbach, Botnang, Heslach, Sillenbuch oder Rohracker. Er kam durch kleine, wildromantische Bachtäler, bestieg Aussichtstürme und durchstreifte Weinberge und Streuobstwiesen. Da er selbst aus einer eben gelegenen Metropole stammte, war er erstaunt, wie vielfältig und voller Naturschönheiten eine deutsche Großstadt sein kann.

Schon immer interessierte er sich auch für Literatur, für Schriftsteller und Dichter, ihre Werke und ihre Biografien. Und da machte er eine weitere Entdeckung: Überall, wo er spaziert war, waren auch schon Poeten, Romanschreiber und Dramatiker gewesen, hatten ihre Geschichten dort angesiedelt oder Gedichte über die Orte und die Landschaft verfasst. So entdeckte er zum Beispiel, dass es in den 1920er-Jahren in Stuttgart-Botnang ein literarisches Café gab oder am Killesberg den Stuttgarter Schriftsteller Hermann Lenz, dessen Romane eben dort spielen und der darin oft wie in impressionistischen Miniaturen die Aussicht auf die Hügel Stuttgarts beschreibt. Er stieß auch auf einen Roman von Martin Walser, in dem das Leben eines Gymnasiallehrers am Stadtrand von Sillenbuch geschildert wird, oder auf einen Hip-Hop-Song, der vom Arbeitervorort Heslach erzählt. Und er entdeckte die originellen Gedichte Manfred Rommels und die anschaulichen und humorvollen Berichte von Ludwig Börne und Eduard Mörike über ihre Ausflüge zum Schloss Solitude im 19. Jahrhundert.

Wenn er mit anderen Menschen darüber sprach, war er überrascht, dass nur wenige die Wege kannten, die er erkundet hatte, und viele auch nicht wussten, welche Dichter und Denker in den Vororten Stuttgarts gelebt hatten. Er kam sich oftmals vor wie auf einer literarischen Schatzsuche, wobei er natürlich nicht nur poetische Diamanten und erzählerische Kleinode fand. Manchmal stieß er – wie es sich für eine Großstadt im zwanzigsten Jahrhundert gehört – auf Mordopfer in Kriminal-

Staffel in Rohracker: Bergauf, bergab durch das literarische Stuttgart

geschichten oder auf die in Comics erzählten Geschichten ungezogener Jugendlicher, die die Wände mit Graffitis verzieren und sich über Erwachsene lustig machen.

Liebe Leser, Sie werden mittlerweile sicher erraten haben, dass es sich bei diesem literarischen Schatzsucher in Stuttgart um den Autor dieses Buches handelt.

Ich möchte Sie in diesem Buch auf sechs Spaziergänge über wenig begangene Pfade durch Stuttgarts Peripherie mitnehmen und Sie an den vielen literarischen Entdeckungen, die ich gemacht habe, teilhaben lassen. Und – das lasse ich mir als zugezogener Rheinländer nicht nehmen – dieses Buch ist auch eine Liebeserklärung an diese schöne deutsche Großstadt, in der ich heimisch geworden bin.

Falsche Klinge
Tiefenbach
Rosengarten-str.
416
Tiefenbach-
Ontariostr.
Weinklinge
Silberwald
406
SILLENBUCH
Buowaldstr.
Fridinger Str.
In der Werre
Spitalwald
Str.
Trossinger Str.
Corneliusstr.
Eduard-Steinle-Str.
Oberwiesenstr.
Tuttlinger
Silberwaldstr.
Kirchheimer Str.
Mendelssohnstr.
Äckerwaldstr.
Gorch-Fock-Str.
Schweitzerstr.
Am Eichenhain
Walter-Flex-Str.
Liliencronstr.
Höhenringweg
Mahdenwald
Ostfilderfriedhof
Bez.R
Eichenhain
Kleinhohenheimer Bach
Florentiner Str.
438
434
Kemnater Str.
FW
0
1 : 15 000
500m
Steinäcker
Schempp
Riedenberg
433
421
Mittle
hönberg
in-
enheim

Weitab im Gebirge bei Bauern und Intelligenzbolzen

Unterwegs in Sillenbuch

Heimat

Wenn ich mein Glück
im Stillen such,
denk ich an dich,
mein Sillenbuch.
Und fehlt dem Text
auch der Verstand,
so lobt er doch
das Heimatland.

(Manfred Rommel)

Wir wollen unser literarisches Glück in Sillenbuch suchen. Zwar werden wir weder Goethe noch Schiller finden. Dafür kann man hier – wie das Eingangs-Gedicht schon zeigt – einen reimenden Alt-OB entdecken. Auch ein Roman Martin Walsers spielt am Waldrand Sillenbuchs in der Buowaldstraße, und eine Sillenbucher Ärztin schrieb ein Buch über die Verhaftung ihres Bruders in der Nazi-Diktatur. Sogar der Bau der Straßenbahn nach Sillenbuch in den 1930er-Jahren wurde poetisch gepriesen.

Haltestelle »Silberwald«

Kirchheimer Straße

Wenn wir die Treppen von der *Haltestelle »Silberwald«* hinaufsteigen, kommen wir auf die *Kirchheimer Straße*, die durch das heutige Zentrum Sillenbuchs führt. Noch vor hundert Jahren standen hier kaum Häuser, denn früher befand sich der Ort am Hang zum Bußbachtal im heutigen Alt-Sillenbuch. Damals gehörte Sillenbuch zum Oberamt Cannstatt und war eine selbstständige Gemeinde. Liest man eine Beschreibung des Oberamts Cannstatt und seiner Umgebung aus dem Jahre 1812, so könnte man meinen, Sillenbuch liege im hintersten Winkel Württembergs. Es befinde sich, so der damalige Ortschronist, »im Gebirge«. Trotzdem war Sillenbuch, wie andere Dörfer um Stuttgart, seit dem 19. Jahrhundert immer schon beliebtes Ziel

Friedrich Zundel 1907 am Steuer seines Daimlers vor seinem Haus. Neben ihm Maxim Zetkin und dahinter der Maler Felix Hollenberg und dessen Frau

von Spaziergängen. Eine Beschreibung des Ausflugsortes Sillenbuch aus dem Jahre 1919 spart nicht mit Superlativen:

Wenn der Wanderer, der auf der Ruiter Straße von Stuttgart her kommt, aus dem dämmernden Schatten des Bopserwaldes ins Freie tritt, dann öffnet sich ihm eine Aussicht in fast unübersehbare Fernen; aber das nahe Dörflein, auf dessen Markung er jetzt steht, das vielbesuchte Sillenbuch, verbirgt von hier aus sich und seine Reize schüchtern hinter einem baumbewachsenen Hange. So kommt es, daß viele, die gern und oft hierher kommen, doch gar nicht wissen,

Hinfahrt	Stadtbahn U7 und U8, Haltestelle »Silberwald«.
Rückfahrt	Stadtbahn U7 und U8, Haltestelle »Silberwald«.
Länge	7 Kilometer.
Dauer	2 ½ Stunden.
Einkehr-möglichkeiten	**Waldgasthaus »Silberblick«,** Kühwasen 1, Telefon (07 11) 4 79 01 57. **Clara-Zetkin-Haus,** Gorch-Fock-Straße 26, Telefon (07 11) 47 12 35. **Weinstube »Zum Schwanen«,** Tuttlinger Straße 96, Telefon (07 11) 47 29 87.

»Kommunistennest« und Malerdomizil von Clara Zetkin und Friedrich Zundel Anfang des 20. Jahrhunderts: die heutige Kirchheimer Straße 14

was für eine Perle im schwäbischen Landschaftsbild dieses Sillenbuch ist.

Von dieser Perle waren dann zwei Nicht-Stuttgarter so angetan, dass sie sich hier ansiedelten: der 1875 in der Nähe von Vaihingen an der Enz geborene Maler Friedrich Zundel und seine 18 Jahre ältere Frau, die Frauenrechtlerin, Sozialistin und Journalistin Clara Zetkin. Sie hatte es aus ihrer Heimat in Sachsen und dem erzwungenen Exil in Paris nach Stuttgart verschlagen. Sie siedelten sich mit den beiden Söhnen Clara Zetkins in der heutigen *Kirchheimer Straße 14* im Jahre 1904 als eine der ersten hier oben an. Wenn man von der Haltestelle die Treppen hinaufkommt, befindet sich das Haus im eleganten Landhausstil der Jahrhundertwende direkt rechter Hand.

Kirchheimer Straße 14

1

Wladimir Iljitsch Lenin war ein Besucher unter vielen in der »Datscha Zundel«, wie sie hieß. Hier kamen die Stuttgarter Genossen zum Diskutieren zusammen oder es wurde im Wohnzimmer mit den Söhnen Maxim und Konstantin musiziert. Auch Karl Liebknecht und August Bebel kamen nach Sillenbuch, und Rosa Luxemburg widmete sich mit Hingabe der Pflege des Gartens.

Beide, Clara Zetkin und Friedrich Zundel, können im erweiterten Sinn des Wortes als Literaten bezeichnet werden. Zetkin gab in Stuttgart nicht nur die sozialistische Frauenzeitschrift »Gleichheit« heraus, sie hat sich auch, durch ihren

Die Frauenrechtlerin und Sozialistin Clara Zetkin (1857–1933) lebte viele Jahre in Sillenbuch.

Mann inspiriert, mit Kunst, Musik und Literatur beschäftigt, Aufsätze über Friedrich Schiller, Henrik Ibsen, Ferdinand von Freiligrath oder Richard Wagner geschrieben und diese auf ihre Tauglichkeit für die sozialistische Bewegung und die Arbeiterklasse »abgeklopft«. Zundel, der durch seine großformatigen Arbeiterporträts bekannt wurde, hieß im Freundeskreis sogar der »Dichter«. Er schrieb schon 1895 ein soziales Drama mit dem Titel »Entlassen«, und sein Sohn, der Chemiker Georg Zundel, erinnert sich, dass sein Vater auf seinem Schreibtisch zwei dicke Hefte mit Gedichten liegen hatte, die er allerdings kurz vor seinem Tod verbrannte.

Friedrich Zundel und Clara Zetkin waren in Sillenbuch wegen ihres sozialen Engagements sehr beliebt. Sie erkannten die oft versteckte Not der Bewohner des damaligen Bauern- und Arbeiterdorfs Sillenbuch, halfen mit Geldspenden und Weihnachtspäckchen für die Dorfkinder oder verschenkten getragene Kleidung. Ein kleines Mundartgedicht über die Wohltaten Clara Zetkins hat der ehemalige Dorfpolizist Ernst Baur um 1910 verfasst:

A nett's Erlebnis aus meiner allerfrühesta Jugend

Als kloiner Bub mit fenf, sechs Jáhr
Han i scho Geld verdient – s'ist wáhr.
Wia i d'Kirchheimer Straß naus lauf
Ond Veigelessträußle verkauf,
Kommt am letzta Haus dá lenks
A Frau raus ond sagt, Bua komm brengs.
Ond kauft m'r om 5 Pfennich Stück
Da Rest voll ab – i war em Glück!
30 Pfennich hane dá kassiert
Ond denk ná, was isch jetzt bassiert?
Weil des war selbichsmál viel Geld!
10 Brezata! – o heile Welt!
Ond ná secht selbichsmál dui Frau
Zo mir – des woiß i no genau:
»Bua kást m'r du en Hasa b'sorga?
Weil i han d'Wäschfrau Mödichmorga!
Wer schafft, der braucht au a guats Essa!,
Des derfemer gar nia vergessa –
Breng's Häsle g'schlachtet dá vorbei.«
I han's versprocha ond halt's ei!
Se hát mer ná 6 Märkla zahlt
Ond i han bei meim Vatter prahlt:
Von dera Frau, des war doch schö!
Ond des ischt Clara Zetkin gwä!

Friedrich Zundel malte dieses Bild von Paula Bosch 1907.

In den 1920er-Jahren trennten sich Zundel und Zetkin. Sie ging nach Berlin, war bis zu ihrem Tod Abgeordnete der Kommunistischen Partei und verstarb am 20. Juni 1933 bei Moskau. Zundel hingegen verliebte sich in Paula Bosch, die Tochter Robert Boschs, mit dessen Familie er und Clara Zetkin gut bekannt waren. Zundel heiratete sie 1928. Sie bauten direkt auf dem rechts benachbarten Grundstück, der heutigen *Kirchheimer Straße 10,* die heute noch existierende Villa.

Kirchheimer Straße 10

2

Auch Zundels Sommeratelier rechts neben der Villa existiert noch und wird heute von dem Stuttgarter Bildhauer Herbert Gebauer benutzt.

Vorbei an der Villa gehen wir ein kleines Stück die Kirchheimer Straße zunächst wieder aus Sillenbuch hinaus, bis links

Eingang zum Sommeratelier Friedrich Zundels von 1937, heute Werkstätte des Bildhauers Herbert Gebauer

der *Ringelnatzweg* einbiegt. Diesem folgen wir entlang der Schrebergärten, bis wir nach dem *Friedrich-Zundel-Weg* links in die *Mendelssohnstraße* gehen.

Mendelssohnstraße

Sillenbuch kann zwischen Hermann-Löns-Weg und Kirchheimer Straße mit einem kuriosen Straßennamen-Mischmasch aufwarten. Dieser Bereich entstand in den 1930er-Jahren, als Sillenbuch für viele wohlhabende Stuttgarter zum attraktiven Wohnort wurde. Zunächst benannte man alle Straßen nach bekannten Kriegshelden des Ersten Weltkriegs. So kamen auch die Schriftsteller Hermann Löns, Walter Flex und Gorch Fock alias Johann Wilhelm Kinau zu Straßennamen-Ehren. Von Walter Flex stammt das martialische Kriegslied »Wildgänse rauschen durch die Nacht«, das sich im Repertoire verschiedener Naziorganisationen befand, danach erstaunlicherweise noch lange als Fahrtenlied beliebt war und heute vom Schlagerbarden Heino, von Studentenverbindungen und der Bundeswehr gesungen wird. Nach dem Krieg wurden einige, aber nicht alle dieser Straßen umbenannt. So erhielt eine Straße den Namen Clara-Zetkin-Straße. Die entschiedene Gegnerin des Ersten Weltkriegs ist nun umringt von einigen übrig

Wie wärs mit einem Waldheimbummel, vielleicht allein, vielleicht zu zweit? Das Waldheim Sillenbuch in der Gorch-Fock-Straße 26 erfreut sich auch heute noch großer Beliebtheit.

gebliebenen gefallenen Dichtern und den Kriegspiloten Paul Bäumer, Heinrich Gontermann und Werner Voß.

Wir biegen rechts in die Gorch-Fock-Straße ein und erreichen das Clara-Zetkin-Haus in der *Gorch-Fock-Straße 26.*

Gorch-Fock-Straße 26

3

Alles rennet, hastet, flüchtet
jeder sucht das »grüne Licht« ...
Einen unfallfreien Werktag
gibt es leider, leider nicht.

Meidet doch den Großstadtrummel
in der schönen freien Zeit.
Wie wär's mit einem Waldheimbummel
vielleicht allein, vielleicht zu zweit?

So hieß es beschwingt in den 1950er-Jahren und so gilt es auch heute noch: Ein Besuch im Waldheim Sillenbuch, 1972 in Clara-Zetkin-Haus umbenannt, lohnt sich. Idyllisch am Waldrand gelegen, mit großem Biergarten und günstigen Speisen, lädt es zur Rast ein. Waldheime sind eine Stuttgar-

Impression einer poetischen Landschaft: Sonnenuntergangsstimmung im Eichenhain

ter Besonderheit, die es in dieser Form und Anzahl anderswo kaum gibt.

In höher gelegenen Randgebieten der Stadt entstanden vor dem Ersten Weltkrieg Erholungsstätten und Ausflugsziele für die organisierten Arbeiter und Angestellten. 1909 wurde das Waldheim Sillenbuch gegründet. Clara Zetkin und Friedrich Zundel halfen sowohl bei der Grundstückssuche als auch finanziell. Die Bosch-Arbeiter und die Familie Bosch stellten ebenfalls Geld zur Verfügung, Zundel half überdies bei der Erstellung der Architekturpläne und der Bauausführung. Eine Laienspielgruppe spielte in den 1920er-Jahren hier populäre Dramen des Kommunisten und Dramatikers Friedrich Wolf, der damals in Stuttgart lebte. Unter den Stücken war auch Wolfs berühmtestes Drama »Zyankali«, in dem er die Freigabe der Abtreibung fordert.

Wir gehen die *Gorch-Fock-Straße* weiter und biegen links in die Hermann-Löns-Straße ein.

Eichenhain

4

An der Kreuzung mit der *Rudolf-Brenner-Straße* gelangt man rechts über einen Fußweg in den *Eichenhain*. Dieses Naturschutzgebiet kann mit dreihundert Jahre alten Eichen und einer schönen Heidelandschaft aufwarten, die sicher auch dem Heide-Dichter Hermann Löns gefallen hätte.

Nach etwa hundert Metern fällt der Blick auf die andere Talseite und auf den Hof Kleinhohenheim, der heute als Versuchsstation für ökologischen Landbau Teil der Universität Hohenheim ist. Nicht nur in der Stuttgarter Innenstadt stehen imposante Bauten wie das Schloss Rosenstein oder das Wilhelmspalais von Giovanni Salucci. Der heutige Schafstall von Kleinhohenheim wurde von Salucci als Oberberner Schweizerhof errichtet, in dem so genanntes Gurtenvieh aus Appenzell in der Schweiz gezüchtet und eine Meierei betrieben wurden. Denn im 19. Jahrhundert unter König Wilhelm I. gab es hier neben dem Pferdegestüt für Araberpferde auch eine Rinderzucht. Der Eichenhain gehörte damals als Fohlenweide zu Kleinhohenheim. Schon Herzog Carl Eugen schaute Ende des 18. Jahrhunderts öfter mit seiner Mätresse und späteren zweiten Frau Franziska von Hohenheim dort nach dem Rechten. Es gibt darüber schöne Tagebuchaufzeichnungen von Franziska, die das Treiben des herzoglichen Paares sehr anschaulich beschreiben. Die ersten beiden Einträge stammen aus dem Jahr 1781. Mit »hey« ist Heu gemeint, die Orthografie der Gräfin folgt zum Teil der Mundart:

Dinstag d. 19. [Juni] Heite wahr es recht schen hey Wetter, nachmitag Brachte man Wegen hey herein; vom heihen aus fur ich zu der Pfarrerin von Plieningen u. draf den Pfarrer Hahn u. seine frau da an; der Herzog sprachen in der frie

Auf Kleinhohenheim erbaute im Jahre 1822 Giovanni Salucci ein königliches Landhaus im Stil eines Schweizer Bauernhauses. Historische Ansicht

»Der Herzog sagen Sie hetten mich recht lieb«: Reichsgräfin Franziska von Hohenheim hatte einen recht eigenwilligen Schreibstil. Jakob Friedrich Weckherlin porträtierte sie um 1790.

den gantzen Vormittag die 4 Theologen Sartorius, Le Bret, Miller u. Weiser in Klein Hohenheim.

Ab und zu legte Herzog Carl Eugen sogar mit Hand an bei der landwirtschaftlichen Arbeit, wie Franziska berichtet:

Samstag, d. 18. [August] nach mitag fur man nach dem Guté [dem Vesper, B. M.] zum Mehen nach Klein Hohenheim, der herzog wahren Ser mit, man dat auch Viel obst herunder, sonst geng nichts vor.

Und schließlich kommt es am 29. Dezember 1787 auf Kleinhohenheim zu einem denkwürdigen Moment. Herzog Carl Eugen zeigt sich überaus charmant, und das auch noch im Treibhaus:

Samstag d. 29. Im Treibhaus wurde friegestigdt u. nach mitag fur man nach Klein Hohenheim. Der herzog sagen Sie hetten mich recht lieb.

Wir gehen den Fußweg weiter, bis links ein Denkmal für Elly Heuss-Knapp auftaucht. Nach etwa 50 Metern führt ein Weg nach links wieder aus dem Park hinaus. Wir gelangen auf den *Ilse-Beate-Jäckel-Weg*, den wir scharf links entlanggehen, bis nach zwanzig Metern rechts ein Fußweg durch das Wohngebiet an den Häusern *Walter-Flex-Straße 46A* und *38* vorbei zur *Kleinhohenheimer Straße* und der *Walter-Flex-Straße* führt.

Walter-Flex-Straße

5

In der *Walter-Flex-Straße* wohnte nach dem Tod ihres Mannes Susanne Bayer. Sie wurde 1921 im Osthavelland geboren, studierte Musik und machte nach dem Krieg ein Volontariat bei der satirischen Zeitschrift »Das Wespennest« in Stuttgart. 1948 schließlich heiratete sie den Herausgeber dieses Journals, den Journalisten, Schriftsteller und Humoristen Thaddäus Troll alias Hans Bayer. Sie arbeitete weiter als freie Journalistin und veröffentlichte Kultur- und Reiseberichte, Theaterkritiken und Feuilletons und mit Thaddäus Troll 1968 den Band »Wie man sich bettet«. In einem Kapitel mit dem Titel »Hilfe – Mein Mann ist Schriftsteller« beschreibt sie, wie ein Mann mit dem Beruf »heiterer Schriftsteller« morgens aufsteht. Ganz im Gegensatz zur landläufigen Meinung scheint es nicht besonders komisch zu sein:

Vernehmen Sie die volle Wahrheit: Wenn so ein heiterer Schriftsteller des Morgens erwacht, pflegt er nicht Kobolz zu schießen. Er stellt fest, daß er zwar gräßlich geträumt, aber nicht geschlafen habe. Denn die Fähigkeit zu schlafen wirft seiner Ansicht nach ein ungeistiges, herabwürdigendes Licht auf den Menschen. Folglich hält er den Schlaf für einen Genuß, dessen sich bloß Kreaturen einer niederen Lebensstufe wie Murmeltiere oder Frauen erfreuen. Sagt ihm einer, er sehe blühend aus, so ist er gekränkt oder ob des gewiß aus purer Barmherzigkeit geäußerten Kompliments beunruhigt. Ist Gesundsein an sich schon ordinär, so verstößt die Einstellung, sich für gesund zu halten, geradezu gegen das Berufsethos. Ein bißchen Hypochondrie gehört sich einfach in dem Metier.

Da heiratet man doch lieber einen Finanzbeamten ... Aber Thaddäus Troll muss auch seine liebenswürdigen Seiten gehabt haben, sonst hätte die Ehe ja nicht gehalten und nicht zwei Töchter hervorgebracht.

Mendelssohnstraße 72

6

Der *Kleinhohenheimer Straße* folgen wir bis zur katholischen Kirche. Links biegen wir in die *Mendelssohnstraße* ein und erreichen die *Mendelssohnstraße 72* auf der rechten Straßenseite.

Der September 1943 war ein sommerlich heißer Monat, die Tage reihten sich klar und heiter aneinander, vom Morgen bis zum Abend spannte sich ein wolkenloser, tiefblauer Himmel über Stuttgart. In diesem Moment wollten Cordula und Gebhard heiraten.

Sie hatten die Hochzeit einige Male verschieben müssen, denn Cordula, die die Praxis eines eingezogenen Kollegen versorgte, hatte von der Ärztekammer nicht ohne weiteres Urlaub bekommen.

Sie führte unter der Naziherrschaft einen heldenhaften Kampf um ihren Bruder: die Sillenbucher Ärztin und Buchautorin Leni Heidemann (1911–2003).

So beginnt der 1988 veröffentlichte Roman »Der Bruder« der Sillenbucher Ärztin Leni Heidemann, die vor wenigen Jahren verstarb und in diesem Haus lebte. Dort befand sich auch ihre allgemeinmedizinische Praxis. In ihrem autobiografischen Roman erzählt sie von der Verhaftung ihres an Neurosen und Schwerhörigkeit leidenden Bruders durch die Gestapo und von ihrem fast aussichtslos erscheinenden Versuch, ihn vor den Nazis zu retten.

Kurz umrissen die Handlung: Nachdem der Bruder sowohl in schriftlichen Aufsätzen als auch in Gesprächen keinen Hehl aus seiner Ablehnung des Naziregimes und des Krieges macht, wird er von den Nazis verhaftet. Cordula, wie sich Leni Heidemann im Roman nennt, gelingt es dennoch, den Bruder in Sicherheit zu bringen. Sie sorgt zunächst dafür, dass er als haftunfähig gilt, dann, auf Grund einer angeblichen Schizophrenie, erreicht sie schließlich, dass er für unzurechnungsfähig erklärt wird.

Tatsächlich half Leni Heidemann bei den juristischen Details ein Anwalt, der im Roman den Namen »Dr. Klatt« trägt und niemand Geringerer war als der spätere Stuttgarter Oberbürgermeister Arnulf Klett. Heidemann beschreibt in dem eindringlichen Roman aber nicht nur den »Kriminalfall« ihres Bruders, sondern auch ihre Wohn- und Arbeitssituation in Sillenbuch. Zu dieser Zeit war sie die einzige Ärztin am Ort und musste vertretungsweise auch die Dörfer Riedenberg, Heumaden, Kemnat und Ruit betreuen. Im Roman heißt es dazu:

Sie war ganz auf sich selbst gestellt und hatte außer den Gemeindeschwestern und ihrer Praxishelferin niemand zur Seite.

Doch gerade das war schön. Sie hielt jeden Nachmittag Sprechstunde in Sillenbuch, während sie an den Vormittagen reihum in den vier Ortschaften ordinierte, an jedem Wochentag in einem anderen Dorf. Sie fuhr dann mit Schwester Toni über Land, den Wagen vollgepackt mit Instrumenten, Verbandzeug und Karteikästen, und hielt in einem Klassen-

»Wieder lag das weite Land vor ihnen mit den Bergen in der Ferne und über sich den weiten Himmel mit seinen Wolken und Sternen ...« – Luftaufnahme von Sillenbuch westlich der Kirchheimer Straße Anfang der 1950er-Jahre

zimmer die Sprechstunde, die immer mehrere Stunden dauerte. Anschließend besuchte sie die Bettlägerigen. Da sie an einem Tag etwa achtzig bis hundert Patienten in den beiden Sprechstunden betreute und dazu etwa zwanzig Krankenbesuche machte, blieb ihr für den einzelnen nicht viel Zeit.

Zusätzlich kümmerte sich die Ärztin um ein Lager mit französischen Fremdarbeitern in Sillenbuch und eines mit russischen in Ruit. Sie erlebte die Bombenangriffe auf Stuttgart, die Zerstörungen in Sillenbuch und war Zeugin, wie eine Gruppe 16-Jähriger in einer Flakstellung getroffen und die Jugendlichen schwer verletzt wurden. Im Roman tauchen aber auch ab und an, neben der über weite Strecken düsteren Handlung, stimmungsvolle Schilderungen des damaligen ländlich geprägten Alltags in Sillenbuch sowie schöne Landschaftsbeschreibungen auf. So erfährt man wie nebenbei, dass Heidemann im Jahr 1944 von ihrem Haus in der Mendelssohnstraße noch einen Blick auf die freien Felder Richtung Eichenhain hat:

Im Mai waren sie in ein kleines Haus umgezogen [...]. Es lag nicht weit von der bisherigen Wohnung entfernt in einer Straße, die eigentlich ein Feldweg und nur auf einer Seite bebaut war. Sie hatten ein großes Feld vor sich, das zum Teil mit Getreide, zum Teil mit Kraut und mit Himbeersträuchern bepflanzt war und sich zum Eichenpark hinunterzog. Wieder lag das weite Land vor ihnen mit den Bergen in der Ferne und über sich den weiten Himmel mit seinen Wolken und Sternen.

Kirchheimer Straße

7

Wir gehen zurück zur *Kleinhohenheimer Straße* und gelangen links wieder zur *Kirchheimer Straße*, einem Ort, an dem man sich bewusst machen sollte, dass es in der Literatur nicht nur eindrucksvolle Liebes- oder Naturgedichte gibt, sondern auch bemerkenswerte Straßenbahngedichte. Eines davon entstand anlässlich der Eröffnung der Linie 10 von Sillenbuch nach Stuttgart im August 1930. Als diese ihre Jungfernfahrt bestritt, dichtete ein anonymer »Jeremias« etwas spöttisch unter dem Titel »Es regt sich was im Silberwald«:

Es regt sich was im Silberwald

Wie lag doch Sillenbuch so still!
Man hörte nur der Kuh Gebrüll
Und hörte Ziegen meckern.
Man hörte neben Hundsgebell
Nur selten Autoruf, der grell
Verklang in stillen Äckern.

Doch wehe! Jetzt hat über Nacht
Stuttgart ein böses Werk vollbracht:
Es rasselt durch die Wälder
Ein Ungeheuer drachengleich,
Mit Funkensprühn. Es macht zwar reich:
Zum Bauplatz werden Felder.

Doch ists mit aller Ruh vorbei:
Es schallt herein der Großstadt Schrei
In diese Dorfidylle.
Nicht lange währts, ist auch nervös
Der Sillenbucher und wird bös,
Der friedlich war und stille.
[...]

Jetzt wissen Sie, warum der Sillenbucher manchmal recht barsch wirkt. Die Straßenbahn ist schuld! Sillenbuch vergrößerte sich durch den Straßenbahnanschluss von 1400 Einwohnern im

»Es rasselt durch die Wälder ein Ungeheuer drachengleich …« Am 5. April 1930 wurde die Straßenbahnlinie nach Sillenbuch eingeweiht.

Jahr 1930 auf über 3800 im Jahr 1940. Die Kirchheimer Straße wurde damit endgültig zum neuen Stadtzentrum mit eleganten Modegeschäften und Handwerksbetrieben, während unten im Dorf noch 77 Rinder im Stall standen.

Auf der anderen Seite der *Kirchheimer Straße* gehen wir nun die *Eduard-Steinle-Straße* hinunter und lauschen vor der *Nr. 13* dem folgenden Gedicht:

Eduard-Steinle-Straße 13

8

Vom Nutzen einer Zeitung

Ein großes Glück für Land und Stadt
ist und bleibt das Wochenblatt.
Jeden Donnerstag genießen
wir die Gedanken von Fred Wiesen.
Ach, mit seinem Herzensblute
tritt er ein für alles Gute
und tadelt liebevoll die Bösen
und hofft, dass sie die Zeitung lesen.
Dem Bösen wird dies kaum zum Heil.
Er liest nur den Annoncenteil.

Dieses kleine Poem von Manfred Rommel ist Hans-Frieder Willmann alias Fred Wiesen gewidmet, der in der Eduard-Steinle-Straße wohnt. Wiesens Kolumnen sind seit Jahrzehnten im »Stuttgarter Wochenblatt« zu lesen. Lange Jahre war er Geschäftsführer dieses Anzeigenblatts, hat aber auch Satiren für Thaddäus Troll geschrieben, Hörspiele, Theaterstücke und Kinderbücher verfasst. Er war Regieassistent am Staatstheater in Stuttgart, Redakteur des Hamburger Nachrichtenmagazins »Der Spiegel« und der »Stuttgarter Nachrichten«. Einen eigenen Verlag hat er gegründet, den Masken-Verlag, in dem auch Arbeiten seiner verstorbenen Frau Anni Willmann erschienen.

Oberwiesen-straße

9

Weiter abwärts an der Grünanlage bei der Straßengabelung *Eduard-Steinle-Straße* und *Oberwiesenstraße* hat man einen schönen Blick ins Neckartal und über das Bußbachtal nach Heumaden. In einem der dort aufragenden Hochhäuser in Heumaden, die man zwischen den Häusern *Oberwiesenstraße 55* und *57* sieht, lebte bis zu seinem Tod 1991 der nur wenigen bekannte Dichter Ludwig Greve. Seine damaliger Wohnsitz, Paprikastraße 28b, ist der rechte Teil des Hochhausblocks, der hinter dem Turm der evangelischen Kirche aufragt. Neun Jahre verbrachte er auch in Sillenbuch in der Bazlenstraße mit seiner Frau Katharina Greve-Maillard und den zwei Kindern. Seine Biografie ist überschattet von seinen Erlebnissen im »Dritten Reich«. Als Kind jüdischer Eltern 1924 in Berlin geboren, überlebte er mit knapper Not die Verfolgungen der Nazis.

Ludwig Greve (1924–1991), der jüdische Dichter und langjährige Leiter der Bibliothek im Deutschen Literaturarchiv Marbach, lebte von 1955 bis 1964 in der Bazlenstraße in Sillenbuch.

Nach dem Krieg machte er eine beeindruckende Karriere am Deutschen Literaturarchiv in Marbach. Ende der 1950er-Jahre begann er dort als freier Mitarbeiter. Vier Jahre später erhielt er eine Festanstellung und 1968 wurde er Leiter der Bibliothek. Freundschaftliche Beziehungen verbanden ihn mit vielen anderen Künstlern und Schriftstellern. Sein erster Gedichtband erschien 1961 im Hanser-Verlag mit Typografien von HAP Grieshaber.

Über vierzig Jahre lang, bis zu seiner Pensionierung 1988, fuhr Greve in aller Frühe mit öffentlichen Verkehrsmitteln von Sillenbuch und Heumaden nach Marbach. Wie es einem »homme de lettres« auf dem täglichen Weg zur Arbeit ergeht, schildert er in der posthum erschienenen Erzählung »Wo gehörte ich hin?«:

Komisch, wie man sich ändert; noch mit dreißig fand ich morgens nur schwer aus dem Bett, während es mir jetzt nichts ausmacht, ein paar Bahnen früher als nötig zur Arbeit zu fahren. Da kann ich immerhin dem Wortlaut, wenn schon nicht immer dem Sinn in meiner Lektüre folgen, ohne daß ein Stampfrhythmus sich einmischt, der knöchern aus dem Walkman eines Halbwüchsigen dringt, von den Explosiv- und Grunzlauten ganz zu schweigen, mittels derer ein paar minder introvertierte Schüler sich den Western vom Vorabend erzählen. [...] Meine Mitfahrer um halb sieben sind bis auf wenige Ausnahmen immer die gleichen, unterer Mittelstand, kann man sagen, auch altersmäßig, die paar Berufsschüler dazwischen, deren Kopfputz usw. im Morgengrauen leicht pathetisch wirkt, kommen dagegen nicht an. So wenig wir aufeinander achten, nimmt man doch gewisse Veränderungen wahr, einen neuen Mantel oder Anzeichen von Alter [...]. Die »flaumenleichte Zeit der dunklen Frühe« kann mich sogar auf dem Weg zur Haltestelle streifen, ja, zwischen Neubauten, deren Häßlichkeit auch der Gewöhnung standhält. In der Rolle des Frühaufstehers, ich will das nicht leugnen, bekommt man vor sich selber Achtung, so daß man das mürrische Nicken im Fahrstuhl wie einen Tribut erwidert.

Sonderlich glücklich war Greve in Sillenbuch nicht. Als 1960 die zweite Tochter zur Welt kam, lebte die Familie sehr beengt in einer Zweieinhalb-Zimmer-Wohnung. Greve fühlte sich eingesperrt und die Nachbarn traktierten ihn mit Lärm. Im Winter, wenn wenigstens alle Fenster geschlossen waren, lebte er auf. Zwiesprache hielt er mit der Natur, die in den Gedichten in der Sillenbucher Zeit auffallend oft zur Sprache kommt. In Heumaden hatte die Familie dann schließlich mehr Platz.

Die Umstände von Greves Tod sind tragisch: Er ertrank im Juli 1991 während seines Urlaubs nach einem Schwächeanfall in der Nordsee vor Amrum. Begraben ist er auf dem Ostfildernfriedhof in Sillenbuch.

Weiter auf dem *Eduard-Steinle-Weg* gelangt man zur Einmündung der *Corneliusstraße*.

Anna-Haag-Anlage

10

Einer mutigen und selbstbewussten Frau ist hier eine kleine Anlage gewidmet worden: der Frauenrechtlerin, Politikerin und Schriftstellerin Anna Haag, die 1888 in Althütte bei Backnang aufwuchs und mit neunzig Jahren in Stuttgart verstarb.

Sie hat ab 1939 mit ihrem Mann in der Landstadt-Siedlung in der Landschreiberstraße 19 gewohnt. Eines ihrer eindrücklichsten Werke ist das Kriegstagebuch, das sie 1940 begann. Darin hält sie ihre erschütternden Alltagsbeobachtungen in der Nazizeit in Sillenbuch fest. Als Beispiel der Eintrag vom 3. Dezember 1941:

Die mutige Frauenrechtlerin, Politikerin und Schriftstellerin Anna Haag auf dem Balkon ihres Hauses in der Landschreiberstraße 19

Man erzählte mir heute: Die Juden seien auf einem Hügel unserer Stadt gesammelt und dann ostwärts abtransportiert worden. Handwerkzeug und Kochgeschirr habe man sie mitnehmen heissen. Handwerkszeug deshalb, weil sie ihre Bleibe selber zimmern müssen. Es ist mir manchmal, als könne ich das alles nicht ertragen.

Am 25. Mai 1942 notiert sie zu einem Gebet der Kindergartenkinder:

Tägliches Gebet der Kleinen im Kindergarten:

Händchen falten
Köpfchen senken
immer an den Führer denken
der uns schenkt das täglich Brot
und uns hilft aus aller Not.

Am 22. April 1945 beim Einmarsch der Alliierten schreibt sie schließlich:

Es ist geschehen. Erstarrt, benommen, noch nicht fähig, das unerhörte Erleben, die Fülle des Glückes ganz zu fassen. Nun werde ich in den Garten gehen. Ich werde ein paar Narzissen abschneiden, mich an ihrem samtenen Weiß und ihrem Duft ergötzen. Ich werde die blaue Frühlingsluft in mich trinken, ganz ohne Furcht. Ich werde ein kleines Lied summen, und alles Menschenglück wird wieder mein sein.

Dieser Text und andere sind in der *Anna-Haag-Anlage* im Holzgeländer auf der erhöhten Plattform und auf Metallplatten am Boden eingraviert. Blumenbeete mit Scilla, Narzissen und Lavendel setzen farbliche Akzente.

Anna Haag hat ihre Kindheit in dem Buch »Die vier Roserkinder« literarisch verarbeitet, aber auch persönliche Erlebnisse und humorvolle Geschichten veröffentlicht. In dem von ihr herausgegebenen Buch »Zum Mitnehmen – ein bisschen Heiterkeit« steht eine kleine Geschichte mit dem Titel »Waldi«, die in Sillenbuch spielt:

Es war im Jahre 1946, also in der Zeit, da vom Schnürsenkel bis zum Kalbsbraten alles rationiert war. Den Pfarrersleuten in einem Vorort von Stuttgart war ihr geliebter Dackelhund gestorben.

»Lieber Mann«, sagte die Frau Pfarrer zu ihrem Eheherrn, »wir können für unseren armen Waldi nun nichts anderes mehr tun, als ihm eine würdige Begräbnisstätte zu geben. Pack das liebe Tier in deinen Rucksack ab und fahre in unseren Garten nach Sillenbuch. Dort machst du dem Waldi ein schönes Gräble und bettest ihn hinein.«

Der Herr Pfarrer tat es so. Als höflicher Pfarrgast nahm er im Gedränge der Straßenbahn seinen Rucksack und stellte ihn auf den Boden. Desgleichen tat ein anderer Fahrgast, der auf der nächsten Station wieder ausstieg.

Als das traurige Herrchen Waldis letzte Ruhestätte ausgeschaufelt hatte, griff er in den Rucksack, um Waldi am Genick zu packen [...]. Der Ausdruck wehmütiger Zärtlichkeit wandelte sich dabei jäh in ungläubiges Fragen: statt Waldis samtweiche Wamme zu fassen, stießen seine Finger auf etwas Hartes; es waren zwei volle Zigarrenkisten und drei Stangen amerikanischer Zigaretten. Kein Zweifel: der Rucksack eines Schwarzhändlers! Der Rucksack des Mannes, der mit dem toten Waldi ausgestiegen war. Ob diesem Herrn die Verwechslung ebenso humoristisch erschienen war wie ihm?

Nach einigem Kratzen hinter dem Ohr, wiederholter Untersuchung des märchenhaften Rucksackinhaltes [...] und nach Niederkämpfung heftiger Anfechtungen (denn der Herr Pfarrer war ein passionierter Raucher!) entnahm er seinem Notizbuch ein Papierchen. Darauf schrieb er: »Zum Austausch des verwechselten Rucksacks in Linie 10 bereit ist leidenschaftlicher, aber völlig abgebrannter Raucher.«

Diese Anzeige gab er auf dem Rückweg bei der Zeitung ab.

1951 verstarb ihr Ehemann Albert Haag. Als Anna Haags Kinder das Elternhaus in Sillenbuch verließen, zog sie nach Stuttgart-Birkach um.

Eduard-Steinle-Straße

11

Wir folgen weiter der *Eduard-Steinle-Straße*. Ebenfalls in dieser Straße wohnt der »berühmteste Dichter« Sillenbuchs. Er lebt dort im wohlverdienten Ruhestand und genießt nach wie vor außerordentliche Popularität: Manfred Rommel. Neben seinen dichterischen Aktivitäten war er »nebenberuflich« 22 Jahre lang Stuttgarter Oberbürgermeister, vorher persönlicher Referent von Hans Filbinger im Staatsministerium und Ministerialdirektor im Finanzministerium.

Er hatte als Stuttgarts Oberbürgermeister mehr Durchhaltevermögen als beim Waldlauf mit seinem Vater Erwin: Manfred Rommel, Alt-OB, Rathausphilosoph und Schriftsteller.

Zahlreiche Bücher sind von ihm erschienen mit Aufsätzen über verschiedenste Themen: Sachbücher über Politik und Autobiografisches, aber auch kleine Bändchen mit Aphorismen und Gedichten. Das Folgende ist sogar im Eingangsbereich des Hauses der Geschichte Baden-Württemberg zu lesen:

Vom Ursprung schwäbischer Klugheit

Des Schwaben Klugheit ist kein Rätsel.
Die Lösung heißt: Die Laugenbrezel!
Schon trocken gibt dem Hirn sie Kraft.
Mit Butter wirkt sie fabelhaft.
Erleuchtet mit der Weisheit Fackel
den Verstand vom größten Dackel!

Manfred Rommel lebt nun seit über fünfzig Jahren in Sillenbuch, das er aber auch schon als Kind gut kannte. Aufgewachsen ist er zwar in der Landhausstraße in Stuttgart-Ost, in der Silberwaldstraße in Sillenbuch wohnte jedoch seine Tante Helene Rommel. Hier spornte ihn sein Vater, der berühmte Generalfeldmarschall Erwin Rommel, schon frühmorgens zu Höchstleistungen an, wie Manfred Rommel berichtet:

Meine Familie, soweit noch rüstig, brach übrigens in aller Herrgottsfrühe zu einem Waldlauf im Silberwald auf, der sie

wohl bis zur »Stelle« führte. Ich erinnere mich daran, daß ich wiederholt schlapp machte und mich langsam auf den Heimweg begab, um dann von den Sportsleuten wieder eingeholt zu werden. Mein Vater empfahl mir mehr Durchhaltevermögen, während meine Tante der Meinung war, das werde wohl schon kommen, wenn man mich in Ruhe ließe. Letzteres hielt ich auch für gut. Auch meine Mutter pflegte sich vor sportlichen Veranstaltungen der geschilderten Art möglichst zu drücken.

Der idyllische Dorfplatz Alt-Sillenbuchs mit dem historischen Rathaus von 1907 und dem kürzlich neu errichteten Dorfbrunnen, im Hintergrund die Weinstube »Zum Schwanen«

Auf unserem literarischen Spaziergang darf ein kleiner Abstecher ins alte Sillenbuch nicht fehlen. Dazu biegen wir weiter unten, am Ende der *Eduard-Steinle-Straße,* rechts in die Straße *In der Werre* und kommen über die *Buowaldstraße* zur *Tuttlinger Straße.*

Tuttlinger Straße 99

12

Auf der Höhe von *Tuttlinger Straße 99* stoßen wir auf einen kleinen Dorfplatz mit Brunnen. Nun befinden wir uns im Zentrum des alten Dorfes.

Sillenbuch hat neben der »offiziellen« Literatur auch kuriose Dorfgeschichten zu erzählen, die sich in dem von Hermann

G. Abmayr herausgegebenen Buch »Sillenbuch und Riedenberg. Zwei Stadtdörfer erzählen aus ihrer Geschichte« finden. Darin steht die Geschichte über den Sillenbucher »Geständniswein«, der hier in unvorteilhafter Lage angebaut wurde und laut einer Anekdote in der Oberamtstadt Cannstatt benutzt worden sein soll, um Geständnisse zu erpressen. Eine andere Anekdote beschreibt den legendären »Jägerverein«, eine Wilderergesellschaft, die in Sillenbuch um die Jahrhundertwende für Aufruhr sorgte. Als die »Bande« aufflog, wurde der damalige Bürgermeister Sillenbuchs, Johann Heinrich Strauss »von ruchloser Hand gestochen«, so dass er für vier Wochen arbeitsunfähig war. Waren es die Wilderer? Oder doch die Arbeiter in Sillenbuch, die sich dafür rächen wollten, dass der Schultes mit allen Tricks versuchte, die Sozialdemokraten von der politischen Beteiligung in der Gemeinde abzuhalten? Damals, zu Beginn des 20. Jahrhunderts, wandelte sich Sillenbuch jedenfalls gerade vom Bauern- und Weingärtnerdorf zum »roten Nest«. So beklagte sich noch in den 1920er-Jahren der evangelische Pfarrer über die Arbeitertöchter, die angeblich in »Samt und Seide« herumstolzierten.

Manfred-und-Liselotte-Rommel-Platz

Um diese Geschichten Revue passieren zu lassen, legt man am besten eine kleine Pause auf dem *Manfred-und-Liselotte-Rommel-*Platz ein, schaut in die *Tuttlinger Straße* hinein, wo sich in der *Tuttlinger Straße 99* das neuere Alt-Sillenbucher Rathaus befindet. Heute ist hier ein Atelierhaus des Verbandes bildender Künstler Baden-Württemberg. Weiter unten liegt die einzige Alt-Sillenbucher Gastwirtschaft, der »Schwanen«. An einem Glockenturm zu erkennen ist das allererste Rathaus Sillenbuchs von 1821 in der *Tuttlinger Straße 80*. Damals, zu Beginn des 19. Jahrhunderts, wurde Sillenbuch eine selbstständige Gemeinde und brauchte ein eigenes Rathaus. Gleich gegenüber dem Plätzle, auf der anderen Seite der Straße, sprudelt der Dorfbrunnen auf Knopfdruck – fast ist es wie in der »guten« alten Zeit. Aus solchen Träumereien wird man allerdings wieder verscheucht, wenn reger Autoverkehr herrscht. Und da es hier keinen Bürgersteig gibt, rettet sich der selten gewordene Fußgänger bei zu starkem Verkehr in die Kandel.

Buowaldstraße 47

13

Wir gehen nun über die *Tuttlinger Straße* wieder zurück, bis wir wieder die *Buowaldstraße* erreichen. Dieser folgen wir bis zur *Buowaldstraße 47*. In einem unglaublich dicken Buch mit dem Titel »Wer weiss, ob's wahr ist?!?« und dem Untertitel »Eine unerhörte Geschichte aus Geschichten in Geschichten und Gedichten samt einem ganzen Stücklein, heisset ›Das ent-

Ein ehemaliges Poetenstübchen: das Haus Buowaldstraße 47, in dem der Schriftsteller Dirk Mende lange lebte

schwundene Lachen‹« findet sich im siebzehnten Kapitel der folgende Text:

Die Kinder standen mit der bildschönen Prinzessin endlich in dem kleinen Raum, in dem ein großes Bild hing. Darauf war ein anheimelndes, zweieinhalbstöckiges Häuschen abgebildet, verschalt mit rotbraunen Holzbrettern, versehen mit maisgelben Sprossenfenstern und eingedeckt mit zinnoberroten Dachziegeln. [...] An die Türe war ein hölzerner Kasten gemalt, auf dem mit gelben Hölzchen in rechtwinkligen Buchstaben ein Wort stand – allerdings fehlte ein Stäbchen: »Das könnte Post oder Poet heißen!«

Ein weiteres Poetenstübchen? Das Haus Nr. 47 steht an der Buowaldstraße versteckt hinter den anderen Häusern. Im Buch beschrieben hat es Dirk Mende, Literaturwissenschaftler an der Universität Stuttgart, der dort lange wohnte. Sein Roman-Erstling ist 2001 im Mayer-Verlag erschienen und, neben vielem anderen, eine bunte deutsche Literaturgeschichte mit Rätseln, Anspielungen und Wortspielereien. Ein »Sillenbuch-Wink« mit dem Zaunpfahl in diesem Werk ist der Name eines Bücherwurms, Wissenschaftlers und Philosophen: »Heinrich Buowald«. Und eine alte Fahrkarte der Stuttgarter Straßenbahn, auf der Sillenbuch eigens markiert ist, wird in dem überbordenden Werk sogar abgebildet.

Wir gehen nun ein ganzes Stück die *Buowaldstraße* weiter bis ans Ende des Wohngebietes. Rechts biegt nun der *Zinsholzweg* in den Wald. Hier erwartet uns noch eine Überraschung: das berühmteste Sillenbucher Haus in der deutschen Literaturgeschichte!

Buowaldstraße 96

14

In dem 1985 erschienenen Roman »Brandung« von Martin Walser lebt Helmut Halm, ein Stuttgarter Gymnasiallehrer, mit seiner Frau in der *Buowaldstraße 96*. Aber leider ist dieses Haus eine Erfindung. Denn dort, wo das Haus stehen sollte – kurz bevor der Zinsholzweg nach rechts abzweigt –, stehen wir bereits jenseits aller Bebauung im Wald.

Helmut Halm tauchte schon einige Jahre vor Erscheinen von »Brandung«, 1978, in Walsers Novelle »Ein fliehendes Pferd« auf. Das Haus in Sillenbuch, erfährt man in »Brandung«, hat Halms Frau Sabine mit in die Ehe gebracht:

Die Heimbuchers hatten zwar keinen Konzern, auch keine Fabrik, auch keinen Metzgerladen, aber sie hatten dieses Haus in der Buowaldstraße. Das war ihr Stolz. Das Landhaus. So hatte es sein Erbauer genannt, der Bäcker Kugel, der das Sillenbucher Bauernbrot geschaffen hat und sich ein Landhaus draußen am Wald hat bauen können.

Was will man mehr als ein Haus im schönen Sillenbuch? Tatsächlich ist Helmut Halm aber frustriert. Der Lehrerberuf ödet ihn an, auch seine Ehe ist in Routine erstarrt. Da verschafft ihm ein Freund einen halbjährigen Lehrauftrag als Deutschlehrer an einer Universität in Kalifornien. Halm greift zu und ist begeistert. Er verliebt sich in eine amerikanische Studentin, berauscht sich am Lebensstil der Kalifornier und am ewigen Sommer. Nach den sechs Monaten sitzt er dennoch wieder da, wo er hergekommen ist:

Im dunklen Licht des Januarmittags saßen Sabine und Helmut im Wohnzimmer. Ob es richtig war, daß der Bäcker Kugel das Wohnzimmer nach Süden schauen ließ, auch wenn der Süden dann nichts war als ein steiler Hang, über den sich die Sonne von November bis Ende Februar kaum erheben kann? Wie dunkel es hier ist, weiß Halm erst, seit er aus der Pazifiksonne wieder hier ist. Man sitzt hier wie bestraft.

Sillenbuch als Inbegriff von dunkler deutscher Miefigkeit? Zumindest ist es hier am Nordhang im Winter wirklich sehr schattig. Auf Sillenbuch kam Walser aber vor allem, weil er mit einer Familie befreundet war, die hier am Ende der Buowaldstraße ein Haus hatte. So kannte er die Lokalitäten und die dunklen Winternächte aus eigener Erfahrung.

Martin Walser erfand im Roman »Brandung« von 1985 das berühmteste Sillenbucher Haus der Literaturgeschichte. Tatsächlich existiert es gar nicht.

Martin Walser, 1927 in Wasserburg am Bodensee geboren, ist seit den 1950er-Jahren einer der bekanntesten deutschen Schriftsteller. Seine Spezialität sind »Anti-Helden« wie Helmut Halm. Keine Heroen des Alltags, sondern vielmehr Scheiternde. Die Novelle »Ein fliehendes Pferd« wurde 2006 verfilmt. Wer weiß, vielleicht kommt also bald auch ein Filmteam in die Buowaldstraße und bringt die dunklen Nächte des Sillenbucher Nordhangs ins Kino?

Wir folgen der *Buowaldstraße* weiter, zwischen Wald und Wiesen entlang, bis es am Ende der Obstwiesen links steil wieder nach Sillenbuch hinaufgeht. Am *Waldgasthaus »Silberblick«* gehen wir vorbei, bis wir oben wieder auf Häuser stoßen. Nun befinden wir uns in der Landstadt, einer idyllischen Siedlung der 1930er-Jahre. Wir biegen scharf links in die *Kernenblickstraße* ein und gehen weiter, bis wir die ersten Häuser erreichen.

Kernenblickstraße

15

Am Kernenblick

Auf seinen kurzen Beinen
läuft mir das Jahr davon
mit reifen Nüssen schwarzen Holderbeeren.
Doch wie am gleichen Busch
verirrte weiße Blütendolden strahlen,
sitz ich noch in der Sommerlaube,

dem abendlichen Amselsingen nachzuhorchen,
indes die Vogelscharen
schon gen Süden reisen.

Dieses Gedicht über die Sommerstimmung hier am so genannten Kernenblick hat die Sillenbucher Dichterin Britta Titel verfasst. Geboren in Hinterpommern, lebt sie seit 1960 in Sillenbuch. In den 1950er- und 1960er-Jahren veröffentlichte sie Gedichte in Anthologien. Später dann schrieb sie nur noch für ihr eigenes »ästhetisches Gewissen«, ohne sich, aufgrund

Spezialist für Gogenwitze: der ehemalige Innenminister Baden-Württembergs Fritz Ulrich in seiner typischen »Wengertertracht«

familiärer Verpflichtungen, um die Veröffentlichung kümmern zu können.

Von hier hat man nach Nordosten einen schönen Blick auf den Frauenkopf und die Hügel auf der anderen Seite des Neckars.

»S'Gröbscht is vorbei, wenn mr siebzig wird!« Diese weisen Worte fielen im Haus *Kernenblickstraße 49*. Der es sagte, stand 1958 kurz vor seinem siebzigsten Geburtstag.

Seinen wohlverdienten Ruhesitz in Sillenbuch bezog damals der »Tausendjährige Wengerter« Fritz Ulrich, geboren 1888 in Schwaikheim. Während der Weimarer Republik war er Redakteur der SPD-Zeitung »Neckarecho« in Heilbronn. In der Nazizeit mit Berufsverbot belegt, wurde er Winzer in Heilbronn und kelterte den berühmten »Ulrichsteiner«, daher der Name »Tausendjähriger Wengerter«. Nach dem Zweiten Weltkrieg war er Innenminister Baden-Württembergs. Am liebsten zeigte sich der populäre Politiker mit gefüllter Butte auf dem Rücken bei der Weinlese. Seine Spezialität waren die Gogenwitze über die Tübinger Weinbauern. Da die sozialen Verhältnisse zu jener Zeit sicher überall im Land ähnlich waren, hier ein »Sillenbucher Gogenwitz« aus der Feder von Fritz Ulrich:

Ein Gôga-Ehepaar hat an Sohn ghett, der hat oifach net gheiratet. Der isch also 28, 30, 35 Jahr alt worda, 40 und hat koi Mädle bracht, kei Braut. Des war also em Vater ond dr Mutter so a große Sorg. Nô wo 'ner 42 war, isch er freudestrahlend heimkomma ond hat zu sei'm Vater gsagt: »Vatter, jetz heirat i!« – »Ha, Kerle, jetzt bisch 42 Jôhr alt, ja wen heiratscht denn?« – »s' Müllers Luisle von dr Mordiogaß.« – »Was? Bua, die kansch net heirata!« – »Ha, warom net?« – »Dee'scht dei Schwester, di isch von mir!« Der Bua hat gheult, worauf ihn sei Mutter gfrôgt hat: »Was hasch denn?« – »I han wella s' Müllers Luisle heirata, jetzt hat dr Vatter gsagt, die dürf i net nemma, des sei mei Schweschter, die sei von ehm.« – Nô hat sei Mutter gsagt: »Du kansch s' Müllers Luisle ruhig heirata, du bisch net von ehm!«

Wer möchte, kann den folgenden ersten Abzweig nach rechts, den *Brombeerweg*, nun in die *Landschreiberstraße* gehen, um dann wieder rechts zur *Landschreiberstraße 19* zu kommen. In diesem Haus, das unter Denkmalschutz steht, lebte Anna Haag. Weiter geht's auf der *Landschreiberstraße* in Richtung Wald, dann links die *Kernenblickstraße* und dann rechts die *Trossinger Straße* entlang, wo man zurück zum Ausgangspunkt des Spaziergangs gelangt.

Landschreiberstraße 19

16

Trossinger Straße

X

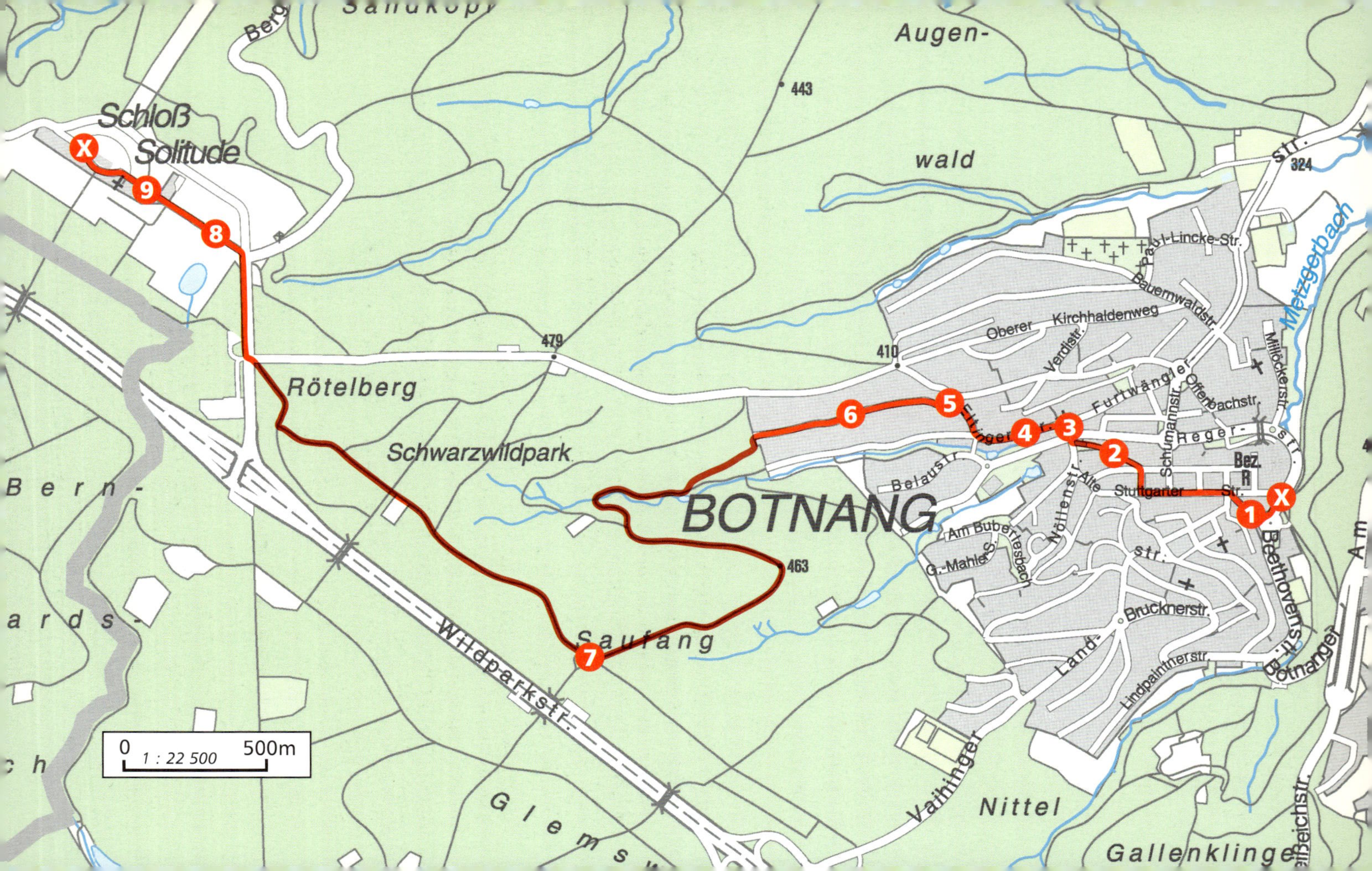
Schloß Solitude
Augen-
wald
443
324
Metzgerbach
Paul-Lincke-Str.
Bauernwaldstr.
Oberer Kirchhaldenweg
Verdistr.
Millöckerstr.
Offenbachstr.
Furtwängler
Schumannstr.
Reger-str.
Bez. R
Stuttgarter Str.
Alte
Nöllenstr.
Beethovenstr.
Botnanger
Am
Eltinger Str.
Belaustr.
Am Bubenbach
G.-Mahler-S.
Brucknerstr.
Land-str.
Lindpaintnerstr.
Vaihinger
Nittel
Gallenklinge
479
410
463
Rötelberg
Schwarzwildpark
BOTNANG
Saufang
Wildparkstr.
Glems
Bern-
ards-
Berg
0 1 : 22 500 500m

Wortakrobaten im Wäscherdorf

Tour 2

Von Botnang zum Schloss Solitude

Schönre Fleckle

Schönre Fleckle als wie z'Bautna
Fend mer selte am e Oort,
Wenn mers oiner net will glaube
Guck er selber und gang fort.
[...]
Schö is z'Roteburg ob der Tauber,
Nett isch au en Biberach,
Aber so en Ort voll Zauber
Fend mer bloß am Buberlesbach.

(Paul Gänßle)

Wir folgen dem Rat des Botnanger Mundartdichters: Anstatt nach Rothenburg ob der Tauber oder nach Biberach geht es heute zum Buberlesbach nach Botnang. Wir lernen einen – literarisch gesehen – bissigen Botnanger Pfarrerssohn kennen, begegnen der dichtenden Botnanger Boheme der 1920er-Jahre und kommen progressiven, avantgardistischen Schriftstellern auf die Spur, die von Botnang aus die deutsche Literaturszene aufmischten. Im zweiten Teil spazieren wir durch den Wald zum Schloss Solitude, wohin der württembergische Herzog Carl Eugen sich in eine luxuriöse Einsamkeit begab und Jahre später dann Ludwig Börne, ein Mann der Feder, zu einer unterhaltsamen Landpartie aufbrach, wobei er den braven Stuttgarter Bürgerstöchtern den Kopf verdrehte.

Wie ein kleines Miniatur-Stuttgart liegt Botnang in einem Seitenkessel, vom Rest der Stadt durch den Botnanger Sattel getrennt. Ansonsten ist es nahezu komplett von Wald umgeben. »Vorort zwischen Wald und Reben« darf es sich aber dennoch nicht nennen, weil mittlerweile der Wein fehlt. Noch um die Wende vom 19. zum 20. Jahrhundert allerdings waren viele Flächen, die heute bebaut sind, von Reben, Obstgärten und Wiesen bedeckt. Und die Botnanger waren lange Jahre der »Stuttgarter Waschsalon«: Sie wuschen den wohlhabenden Stuttgartern die Wäsche und bleichten den umliegenden Webereien die Tücher.

Haltestelle »Beethovenstraße«

X

Von der *Haltestelle »Beethovenstraße«* überqueren wir die Hauptstraße und gelangen auf der anderen Straßenseite in die *Beethovenstraße*, die ehemals Neue Stuttgarter Straße hieß. In der *Beethovenstraße 7*, einem schönen Haus aus der Zeit um 1900, wehte kurz vor Beginn des Ersten Weltkriegs ein Hauch von Caféhauskultur und Boheme, nachdem hier das Café Dürr eröffnet wurde. Hermann Dürr, im Hauptberuf Schieferdecker, erhielt im Februar 1914 vom Botnanger Gemeinderat eine »Kaffeekonzession«. Anstatt lärmender Wirtshausatmosphäre herrschte hier nun das schöngeistige Gespräch bei Kaffee, Mokka und Tee. Nach dem Krieg entfaltete sich dann in den 1920er-Jahren ein lebendiges kulturelles Leben. »Kommunisten, Dichter und Pazifisten tauschten sich im Café Dürr aus«, berichtet der Kunstmaler und Enkel des Cafégründers Thomas Dürr, der heute in dem Haus wohnt und dort sein Atelier unterhält.

Beethovenstraße 7

1

Gesang- und Klavierabende wechselten im Café mit humoristischen Darbietungen und lyrischen Lesungen. Hobbyschauspieler der »Dramatischen Vereinigung« des Turnerbundes kehrten ein und der so genannte Zirkel bildete sich, ein Zusammenschluss lokaler Botnanger Künstler, zu denen der Maler Hermann Umgelter und die Botnanger Dichter Emma

Hinfahrt	Stadtbahn U4, Haltestelle »Beethovenstraße«.
Rückfahrt	Buslinie 92, Haltestelle »Schloss Solitude«. Stündlich Busverbindung nach Stuttgart.
Länge	Rund 8 Kilometer.
Dauer	3 ½ Stunden.
Besichtigung	**Schloss Solitude**. Geöffnet April bis Oktober, dienstags bis samstags von 9 bis 12 Uhr und von 13.30 bis 17 Uhr. Sonntags und feiertags 9 bis 17 Uhr.
	Graevenitz-Museum, Solitude 24. Geöffnet sonntags von 12 bis 18 Uhr.
	Akademie Schloss Solitude, Solitude Haus 3. Geöffnet bei Sonderausstellungen der Stipendiaten.
	Friedhof Solitude. Gräber von John Cranko und der Eltern von Richard von Weizsäcker.
Einkehrmöglichkeiten	**Solitude Schlosscafé** mit Gartenterrasse, Telefon (07 11) 69 20 25.

Das Café Dürr in der Beethovenstraße 7 brachte in den 1920er-Jahren einen Hauch von Boheme nach Botnang mit Damenkränzchen, lyrischen Darbietungen und einem Künstlerzirkel. Das Foto von 1914 zeigt das Haus in der Beethovenstraße anlässlich der Einweihung der Straßenbahnlinie.

Aberle und Erich Herrmann gehörten. 1928 musste das Café geschlossen werden. Der Schieferdecker Hermann Dürr war bei seiner Arbeit tödlich verunglückt.

Emma Aberle, die in der Alten Stuttgarter Straße aufwuchs, kam aus einem armen und schwierigen Elternhaus, unter dem sie sehr zu leiden hatte. In einer Papierfabrik arbeitete sie sich von einer ungelernten Arbeiterin zur leitenden Angestellten hoch. Ihre literarischen Kenntnisse eignete sie sich neben ihrer Arbeit an. Sie gab ihr erstes selbst verdientes Geld vor allem für Bücher aus und vertiefte sich unermüdlich in die deutschen Klassiker. Ihr Werk umfasst Kindheitserinnerungen, Prosagedichte, Tiergeschichten und Sinnsprüche. Vieles hat sie in ihrem Gartenhaus geschrieben, das im Gewann »Im Himmerreich« stand, etwa dort, wo heute die Gustav-Mahler-Straße verläuft. Ihre Texte sind geprägt von Ernst und Schwermut. So beschreibt sie in dem Band »Aus meiner Seele« einen Regentag im dörflichen Botnang:

Sie gehörte zum Künstlerkreis des Café Dürr: die Botnanger Dichterin Emma Aberle (1886–1949).

Regentag auf dem Dorfe

Wie ein härener Sack hängt der Himmel über dem Tal; der Wald dampft, unaufhörlich fällt der Regen. Es klingt wie Schluchzen ...

Ein kühler Wind streicht um die Häuser und schüttelt die früchteschweren Bäume in den Gärten ...

Die Straßen sind leer. Hinter den geschlossenen Fenstern sieht man verschlafene Gesichter.

Kein Lärm.

Nur ein paar Gänse spreizen die Flügel und schnattern vergnügt. Durchnäßt graben sich die Hühner in die trockene Erde unter dem Dachvorsprung.

[...]

Langsamer denn sonst rückt der Zeiger.

Im grauen Gewand schleicht die Langeweile durch die Gassen des kleinen Dorfes.

Nach Emma Aberle ist in Botnang der Emma-Aberle-Weg benannt.

Von Erich Herrmann, der 1895 in Botnang als Kind eines Arbeiters geboren wurde, ist außer einem schmalen Band mit dem Titel »Geschichten der Gasse« nichts erhalten. 1928 zog er nach Frankfurt und später lebte er in Dresden. Bei den Fliegerangriffen 1945 kamen er, seine Frau und seine Tochter ums Leben. In »Geschichten der Gasse«, 1927 erschienen, schreibt er über die soziale Not in der Weimarer Republik. Wer seine Schilderungen liest, dem ist die Sehnsucht nach der »guten alten Zeit« endgültig vergällt. So erzählt er im zweiten Kapitel von dem armen und ständig hungrigen Pflegekind Peter aus »Bautenang«, der morgens Wecken für den Bäcker austrägt, mittags nach der Schule einem Wirt Futter fürs Vieh schneidet und abends Zeitungen verteilt. Ständig hat er Hunger, denn als Pflegekind bekommt er als fünftes Rad am Wagen gerade mal die Reste. Am Sonntag sitzt er daheim und macht Hausaufgaben. Er soll den Bibelspruch aus der Bergpredigt auswendig lernen: »Ihr sollt nicht sorgen und sagen: Was werden wir essen? Was werden wir trinken? Womit sollen wir uns kleiden? Nach all dem trachten die Heiden!« Beim Aufsagen des Spruches wird allerdings sein Hunger immer größer:

Botnang Anfang des 20. Jahrhunderts von der so genannten Sommerhalde aus gesehen

Was werden wir trinken? Was werden wir – was werden wir – –. Ob wohl Mutter Hummel den Küchenkastenschlüssel abgezogen hat? Was werden wir trinken? – Ich will einmal nachsehen – schneller als Peters Gedanken waren seine Füße und schon stand er in der kleinen Küche, in der zwei Mäuse flugs hinter dem Herd verschwanden. Mitten drin blieb er stehen und äugte vorsichtig nach dem Schlüsselbrett [...].

Mit hungrigem Magen lässt es sich schlecht nach dem Himmelreich trachten. Als Peter nichts zu essen findet, entdeckt er Geld und das Unglück nimmt seinen Lauf.

Doch neben Schöngeistigem und sozialer Kritik lebte und lebt im Ort auch die Mundartdichtung. Das Botnanger Lied zum Beispiel schildert recht eindrücklich Aspekte des Lebens im alten Dorf. Die Hymne rumpelt und holpert zwar ziemlich, sie besticht aber durch eine fast postmoderne Mischung aus Hochsprache und Dialekt. Zu singen ist sie nach der Melodie der Württemberger Hymne »Preisend mit viel schönen Reden«. Allerdings ist das Singen nur einheimischen Botnangern erlaubt. Falls Sie also kein Einheimischer sind, bitte nur leise summen, sonst gibt's Ärger:

Botnanger »Güllelachabuttenträger« bilden den herzhaften Auftakt des »Botnanger Liedes«. Kolorierte Zeichnung von Thomas Dürr

Das Botnanger Lied

Karle schmier dei Brust mit Letta,
ziag dei Ledrawammes a,
dass du au wia andre Buaba
Güllalachabutta traga kosch
Fern von Dir geliebter Jackob
schlägt mein Herz allein für Dich
Schreibe Du sobald als möglich
Deiner Katharina Häbich
Totengräberstochter aus Botnang.
En scheena Gruaß von meiner Muader,
ond do schick se euch dia Milch
ond mer ko se nemme braucha,
weil a Maus nei gfalle isch en dui Milch!

Noch eine kleine Übersetzungshilfe: »Letta« heißt Lehm und »Güllalachabutta« waren die Behältnisse, mit denen früher die die Toiletten entleert wurden.

Wir folgen der *Beethovenstraße* weiter in den Ort, überqueren die *Hummelbergstraße* und folgen der *Alten Stuttgarter Straße*. Nach einigen hundert Metern biegen wir dann rechts in die *Frobergerstraße* ein, überqueren die *Franz-Schubert-Straße* und folgen der *Griegstraße* bis zum Bürgerhaus Botnang in der *Griegstraße 7*. Hier las in den 1970er-Jahren hin und wieder der österreichische Dichter Ernst Jandl, der mit seinen sprachspielhaften Poemen wie »Ottos Mops« oder »Lichtung« Weltruhm erlangte. Ihn verschlug es einst zu Lesungen nach Botnang, weil er mit Reinhard Döhl bekannt war, der bis zu seinem Tod im Jahre 2004 in der Lindpaintnerstraße 99 in Botnang lebte.

Alte Stuttgarter Straße

Griegstraße 7

2

Hier, wo die Einheimischen bis Anfang des 20. Jahrhunderts noch Stuttgarts Wäsche wuschen und Tücher bleichten, begannen später Reinhard Döhl und einige andere Dichter die traditionelle Lyrik »durch die Mangel« zu nehmen. Stichwort: »Konkrete Poesie«. Döhl, 1934 in Wattenscheid geboren, war 1959 auf Einladung des Stuttgarter Universitätsprofessors Max Bense nach Stuttgart gekommen. Die »konkreten« Poeten zerlegten die deutsche Sprache spielerisch in ihre Bestandteile

Reinhard Döhl (1934–2004) war ein Multitalent: Lyriker, Ausstellungsmacher, Hörspielautor, Literaturwissenschaftler, Universitätsprofessor und vieles mehr.

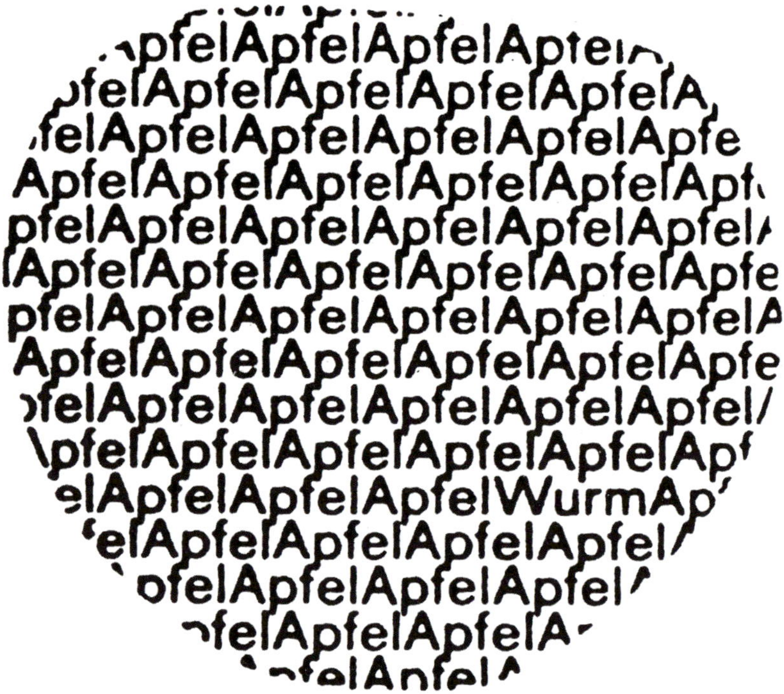

Da ist der Wurm drin: Reinhard Döhls visuelles Apfelgedicht, die »Ikone« der konkreten Poesie, hat es bis in die deutschen Schulbücher geschafft.

und trieben damit ihre tiefgründigen Faxen. Zu ihren Werken gehörten auch Bildgedichte, so erschuf Döhl das berühmte Apfelgedicht.

Döhl war über dreißig Jahre Dozent für Neuere deutsche Literatur an der Universität Stuttgart. Neben seiner Arbeit als Lyriker, war er aber auch Ausstellungsmacher und Hörspielautor. In seinen »Botnanger Sudelheften« stößt man auf zwei kleine Gedichte zu Botnang:

laut zwischen
botnanger straße und botnang
räume luise

und

zwischen lindpaintner und donizettistraße
eine kleine nachtmusik
kuckuckuckuck.

Was wollen uns diese Zeilen sagen? Nun ja, so viel ist sicher, private Erlebnisse Döhls werden mit Gedichten, Straßennamen und Botnanger Legenden »verwurstelt«. Döhl selbst hat das – reichlich verworrene – Geheimnis dieser Zeilen 1982 im Botnanger Bücherladen gelüftet: Demnach sei eines Tages der damals noch unbekannte Ernst Jandl mit Aktentasche und Trenchcoat – eine Art dichtender »Inspektor Columbo« – zu ihm in den Stuttgarter Westen, in die Botnanger Straße gekommen. Dabei sei er, Döhl, auf eine Gedichtsammlung Jandls mit dem Titel »laut und luise« aufmerksam geworden. Hinzu kam, so erklärte Döhl weiter, dass es während dieser Zeit in seiner Wohnung in der Botnanger Straße sehr laut gewesen sei, so dass er mit der Familie später in die ruhigere Lindpaintnerstraße nach Botnang umzog. Vor ihm selbst habe es schon den Schriftstellerkollegen Helmut Heißenbüttel in die Donizettistraße nach Botnang verschlagen. Und nach einer feuchtfröhlichen Nacht hätten beide Neu-Botnanger schließlich das Lied vom Kuckuck und dem Esel von Mozart angestimmt, weil, so die Erklärung, Mozarts Name keine Straße in dem mit Komponistennamen sonst reichlich gesegneten Botnang ziere, die Botnanger dafür aber mit Spottnamen »Kuckucke« hießen.

Verstanden?

Die Dichterlesungen haben im Botnanger Bürgerhaus übrigens nach wie vor Tradition. So liest der Schauspieler Ernst Konarek dort jeden Monat aus Werken der Weltliteratur.

Am Ende der *Griegstraße* überqueren wir einen baumbestandenen Platz mit einem schönen gusseisernen Brunnen. Schließlich erreichen wir auf der *Regerstraße* die Straßenbahngleise, die wir überqueren und auf der anderen Straßenseite biegen wir in die *Furtwänglerstraße* ein. Rechts vor der Kirche ist das stattliche alte Botnanger Pfarrhaus in der *Furtwänglerstraße 1* zu sehen.

Furtwänglerstraße 1

3

»Ich bin zu einer Zeit geboren, als es in Deutschland noch sehr finster war«, bemerkte der Schriftsteller und Journalist Wilhelm Ludwig Wekhrlin. Er war zu Lebzeiten in ganz Süddeutschland äußerst unbeliebt, da er für gewöhnlich, wie man sagt, kein Blatt vor den Mund genommen hat. Er prangerte politische und wirtschaftliche Missstände an, kämpfte für die Pressefreiheit und wurde dafür sein Leben lang verfolgt und mehrfach ins Gefängnis gesteckt.

Am 7. Juli 1739 wurde er in Botnang im alten Pfarrhaus als Sohn des Botnanger Pfarrers geboren. Nach einem abgebrochenen Jurastudium an der Universität Tübingen ließ er sich

1766 in Wien nieder. Seine Veröffentlichung »Denkwürdigkeiten von Wien« führte prompt zur Ausweisung. Schließlich kam er Anfang 1792 nach Ansbach, wo er erneut verhaftet wurde. Weil seine Gesundheit inzwischen sehr angeschlagen war, die dauernden Aufregungen und Anschuldigungen hatten ihm zugesetzt, starb er noch im selben Jahr.

Über Botnang selbst hat er leider nichts hinterlassen. In seinen satirischen Reisebeschreibungen »Anselmus Rabiosus Reise durch Ober-Deutschland«, 1778 erschienen, schreibt er aber über die Eigenschaften des Herzogtums Württemberg. Dabei lässt er sich sehr wohlwollend über Land und Leute aus:

Der Publizist Wilhelm Ludwig Wekhrlin, 1739 im Botnanger Pfarrhaus geboren, machte sich unbeliebt mit bissigen und satirischen Schriften gegen Fürstenwillkür und Rückständigkeit.

Niemals ist ein Land von der Natur günstiger behandelt worden, als dieses. Es hat reizende Fluren, Gebürge und Flüsse, welche von dem Einflusse einer gemäßigten und gütigen Sonne gepflegt werden. Das Temperament der Einwohner ist ein fleißiger Geist, frugale Sitten und eine bescheidene Lebensart.

Die Stadt Stuttgart und ihre Einwohner finden in seinem Text hingegen keine Gnade:

Sie bestehet aus einer Masse hässlicher Gebäude. Die Manieren und die Lebensart der Inwohner sind ungebildet.

Nun ja, das hat sich ja alles wesentlich gebessert.

Nicht nur Wekhrlin kannte die Kirche in Botnang, das alte Pfarrhaus und unliebsame Begegnungen mit der Obrigkeit. Wir machen einen Sprung in die Gegenwart zu dem jungen Mazedonier Enver aus Skopje, dem wir heute noch in Botnang begegnen könnten. Denn hier wohnen heute nicht nur Katholiken, sondern auch Moslems:

Es war ein milder Sommermorgen. Ein dunstverwaschener Sonnenball schwebte über dem bewaldeten Höhenrücken, der den Teilort Botnang vom weiten Tal von Stuttgart trennt. Enver fuhr in seinem gebraucht gekauften Mercedes an der schlichten, weiß getünchten Kirche von Botnang vorbei. Neben ihm saß seine Frau Eldina. Sie hatten ihre kleine Tochter einer Bekannten übergeben, um mal ungestört einkaufen zu können. Sie sahen nun schon das alte, hübsch renovierte Haus, in dem sie wohnten. Davor standen einige dunkel gekleidete Gestalten. Auch auf der Steintreppe, die am Haus entlang nach oben führt, liefen Männer herum. Enver ahnte, dass es ihm galt. Trotzdem hielt er an und stieg mit seiner Frau aus. Die Vermieterin tauchte vor ihm auf. Sie sagte, beinahe hätten die seine Wohnungstür aufgebrochen; die hätten nämlich geglaubt, er sei da und

Die nach dem Zweiten Weltkrieg wieder aufgebaute evangelische Auferstehungskirche mit dem ehemaligen Pfarrhaus in der Furtwänglerstraße in Botnang

mache nicht auf. Einige Männer umringten Enver; einer fragte, ob er Enver D. sei. Enver bejahte. Nun packte ein anderer seine Arme und bog sie nach hinten. Man legte ihm Handschellen an. Der Typ, der ihn angesprochen hatte, hielt ihm einen Durchsuchungsbefehl vors Gesicht, ein weiterer tastete ihn von oben bis unten ab.

Enver wird von der Polizei verhaftet, weil er angeblich eine albanische Familie bedroht. Doch man kann ihm nichts nachweisen. Am Nachmittag ist er wieder zu Hause …

So beginnt die kurze Erzählung »Polizeiaktion« des Botnanger Rechtsanwalts und Schriftstellers Michael Kiesen. In Kiesens Romanen, Krimis und Erzählungen geht es hoch her: Sie berichten von Abschiebung, Drogensucht und Liebe in allen ihren Schattierungen und Verflechtungen. Laut Kiesen ist Stuttgart übrigens »eine der schönsten Großstädte Europas, wenn auch von vielen verkannt«.

Eltinger Straße 38

4

Kommen wir nun zum Großneffen Wekhrlins. Diesen weitaus bekannteren Dichter treffen wir bei einer Wirtshausrast, wenn wir der *Eltinger Straße* bis zum Ristorante Pizzeria »Traube« in der *Eltinger Straße 38* folgen. Die Lieblingsschwester

1851 heiratete der 47-jährige evangelische Pfarrer und Dichter Eduard Mörike die Katholikin Margarethe Speeth. Nach dem Gemälde von Amelie Kohler, 1843

Wekhrlins namens Friederike war die Großmutter des Dichters Eduard Mörike.

Der 1804 in Ludwigsburg geborene Eduard Mörike gilt als einer der großen Dichter Württembergs. Die Gedichte »Er ist's«, »Um Mitternacht« oder sein Märchen »Das Stuttgarter Hutzelmännlein« haben ihn schon zu seinen Lebzeiten in ganz Deutschland bekannt gemacht. Er kehrte im Jahr 1853 leider ausgerechnet in einem Wirtshaus ein, das hier nicht mehr zu finden ist: In der ehemaligen Solitudestraße 33, wo heute Bedachungs-Utensilien unter freiem Himmel lagern, stand das Gasthaus »Krone«, in unmittelbarer Nachbarschaft zu den heutigen Gasthäusern »Rößle« und »Traube«. Wie viele Stuttgarter machte Mörike damals gerne Ausflüge in die umliegende Gegend. Über seine Einkehr in Botnang zusammen mit seiner Schwester Klara berichtet er recht lebhaft in einem Brief vom 25. September an seine Frau Margarethe:

Geliebtestes Gretchen! Ich will gerade an dem Punkt anfangen, wo ich Dir jüngst verschwunden bin. Als wir am

Mörike mit Schwester Klara (links), seiner Frau Margarethe und den Töchtern Fanny und Marie. Fotografie von Friedrich Brandseph, 1860

Eck der Hospital- u. Gartenstraße [heute Fritz-Elsas-Straße] den letzten Blick nach deinem Fenster ausgesandt, und einen gleichen von dorther empfangen hatten, ging's nach der Hinterseite der Caserne zu, u. die Rotebühlstraße hinauf und am Feuersee u. Zuchthaus vorbei [...]. Am Bronnen nahmen wir einen Trunk aus Deinem Becher; nun ohne allzu große Anstrengung der Hitze ungeachtet, die Höhe hinauf u. nach Bothnang hinab. Im Dorf erweckte uns ein angenehmer Mostgeruch plötzlichen Appetit nach diesem Getränk, das wir denn auch im Wirtshaus zur Krone in bester Qualität antrafen; ein Stückchen Käse schmeckte vortrefflich dazu [...]. Wir waren ganz hinlänglich gestärkt, um auf dem Schlossplatz der Solitüde ohne alle Versuchung bei dem Kellner vorbeizugehen, der mit der Serviette unter dem Arm in der Thüre des Gasthofs stand; ein paar Gäste saßen im Freien am Tisch; wir stiegen einen Augenblick auf die Terrasse, sahen Berkheim unten liegen und suchten Asperg mit dem Tubus [dem Fernrohr].

Eltinger Straße

Wir gehen nun die *Eltinger Straße* weiter entlang. Rechter Hand bei Nr. 42 befindet sich die Bäckerei Klinsmann. Einst buk hier ein Geselle namens Jürgen Klinsmann kleine Brötchen, bevor er dann Fußball spielte wie ein Gedicht und wie aus dem Bilderbuch. Zwar sind unter seinem Namen Bücher erschienen mit Titeln wie »Wie wir Weltmeister werden« und »Die Fußballakademie«, doch wir werden ihnen an dieser Stelle gleichwohl zu keinen literarischen Ehren verhelfen. Stattdessen folgen wir der *Eltinger Straße* weiter, bis sie nach etwa hundert Metern rechts in die *Eltinger Steige* übergeht. Sie führt uns den Hügel hinauf bis zur Kreuzung mit der *Donizettistraße* und der *Chopinstraße*. Oberhalb der Treppenstufen hat man einen schönen Blick über den ganzen Ort.

Donizettistraße

5

Auf der anderen Seite Botnangs erkennt man den Stuttgarter Trümmerberg, den Birkenkopf. Unterhalb des Birkenkopfs zieht sich nach Südwesten die Vaihinger Landstraße den Hang hinauf zur Wildparkstraße. Als letztes markantes, blauschwarzes Gebäude erkennt man das Karl-Wacker-Heim, ein modernes Alten- und Pflegeheim. 200 Meter unterhalb steht das Haus Vaihinger Landstraße 99. Dieses Haus hat der 1895 in Stuttgart geborene Rechtsanwalt und Schriftsteller Karl Lieblich 1934 als Mietshaus bauen lassen.

Karl Lieblich wohnte bis 1934 in Botnang. Nach dem Zweiten Weltkrieg fand er keinen Anschluss mehr an die literarische Szene.

Das Wohnhaus, das er mit seiner Frau und den Kindern ab 1921 bewohnte, stand dahinter in der Gallenklingenstraße 20. Ein Gedichtband von ihm mit dem Titel »Trautelse«, 1914 erschienen, enthält unter anderem ein melancholisches Gedicht. Hoffentlich verlaufen Sie sich auf dem Spaziergang nicht und geraten auf ähnliche Weise ins Grübeln:

Nachts im Wald

S' ist finstre Nacht im tiefen Wald,
ich sitze müd und träume ...
Was raunt der Wind? – Mich schaudert's kalt
es zittern und rauschen die Bäume.
Zu Grabe läutend, wehmütiglich,
ein Glöcklein hör ich ertönen ...
O bleicher Tod, wann rufst Du mich? –
Die Bäume ächzen und stöhnen ...

Bertolt Brecht schrieb in einer Rezension über diesen Gedichtband: »Auf solche Verse [...] kann man die Behauptung stützen, Lieblich werde einmal eine ›Berühmtheit‹ werden.« Lieblich veröffentlichte in den 1920er-Jahren weitere Gedichte, Aufsätze und Novellen, doch aus der Berühmtheit wurde nichts. Karl Lieblich war Jude. Er bekam Schreibverbot und Berufsverbot als Rechtsanwalt. Bis 1934 hat die Familie in Botnang gewohnt und ist später nach Brasilien emigriert. Nach dem Krieg kehrte Lieblich zurück nach Deutschland und nahm sich eine Wohnung in der Stuttgarter Innenstadt. Doch er fand keinen Anschluss mehr an die literarische Szene, seine Manuskripte wurden als nicht mehr zeitgemäß abgelehnt. 1984 starb Lieblich mit 88 Jahren. 2005 erschien postum seine Novelle »Rausch und Finsternis«, die er schon 1928 niedergeschrieben, für die er aber damals keinen Verleger mehr gefunden hatte.

Nach diesem Ausflug auf die andere Seite Botnangs nun aber zu einer Spaziergängerin, die wie wir hier am Südhang Botnangs entlangging:

als wir in Stuttgart gingen / BOTNANG DONIZETTISTRASZE / in dieser Stadt die ich immer geliebt habe weil sie hügelig ist und sanft von begabter Natur und die südlichsten Gärten hat und eine atmende Wärme / fluktuierende Schwüle/ und ich an seiner Seite ging die steile Hügelstrasze hinauf [...]

Es war die österreichische Dichterin und Lebensgefährtin von Ernst Jandl, Friederike Mayröcker, die hier in Botnang mit ihrem Schriftstellerkollegen Helmut Heißenbüttel unterwegs war und dabei von Stuttgarts südlichen Gärten und seiner atmenden Wärme schwärmte. Ist es womöglich doch ein Nesenbach-Florenz?

In der Donizettistraße lebte bis 1981 der schon mehrmals erwähnte Helmut Heißenbüttel. Geboren wurde er 1921 in Wilhelmshaven-Rüstringen. Er kam 1957 nach Stuttgart und war nicht nur Schriftsteller, sondern jahrzehntelang auch Redakteur der Sendung »Radio-Essay« im damaligen Süddeutschen Rundfunk. Der Radio-Essay war ein experimentelles Radioformat zwischen Feature und Hörspiel. Als Radiomacher traf Heißenbüttel immer wieder auf Widerstände, da er mit seiner Sendung partout nicht den »Mainstream« bedienen wollte. Sein Ziel war, ein eigenwilliges und experimentierfreudiges Programm zu machen. Doch Heißenbüttel war nicht nur Radio-Redakteur, sondern auch leidenschaftlicher Spaziergänger: So oft es ihm möglich war, ging er zu Fuß durch Stuttgart. Besonders die Stuttgarter Staffeln, die langen, die Hügel hinaufsteigenden Treppen, hatten es ihm angetan. »Für mich, den Spaziergänger, sind diese Staffeln das Schönste, was die Stuttgarter Stadtbaumeister erfunden haben«, sagte er 1961 gegenüber dem Stuttgarter »Merian«. In seinem Gedicht »Spa-

»Reig'schmeckt« und über zwanzig Jahre dageblieben: Der in Wilhelmshaven-Rüstringen geborene Schriftsteller Helmut Heißenbüttel leitete über zwei Jahrzehnte die Sendung »Radio-Essay« beim Süddeutschen Rundfunk Stuttgart.

ziergang durch Stuttgart« tauchen auch Botnang und sein Arbeitsplatz, die Funkstudios im Park der Villa Berg, auf:

Spaziergang durch Stuttgart

[...]
Donizettistraße mittlerer Kirchhaldenweg Feuerbacher Tal
Doggenburg Herdweg Berliner Platz
ein aus Straßennamen gebildeter variabel mit Inhalt auszufüllender Satz
Waldhinaufblick Chopinstraße abendlich im Schatten
Prospekt dessen was wir konkret entfaltet als Leben hatten
als wir in dieser Stadt ankamen waren die Kinder klein
oder noch nicht geboren
nun sind sie erwachsen und an die Welt wie ich mir siehe
Goethe verloren
Ort der die Kinder erwachsen gemacht hat was bedeutet
das für den Pendler zwischen Villa Berg und Botnang
Arbeitsplatz Arbeitsweg Mittagsgang irgendwo jene Stelle
von der ich mich und dann wieder nicht los schwang
[...]

Wir spazieren nun die *Chopinstraße* entlang und hören ein gedichtetes Gespräch über den Gartenzaun hinweg:

Chopinstraße

6

Vom Schönen und Schweren

Ich habe gehört, Sie schreiben Gedichte!
ruft die Nachbarin über meine
frisch gepflanzte Rosenhecke hinweg.
Aber ich sehe Sie doch immer
mit dem Spaten herumlaufen ...

Spaten! Rufe ich. Meinen Sie, das genügt?
Ich brauche noch:
Doppelhacke,
Feinrechen,
Bodenlüfter,
Sternfräse –
sonst wird das hier nichts, mit dem Gedicht.

Die Lyrikerin Susanne Stephan, die 2007 den Thaddäus-Troll-Preis erhielt, dichtet und lebt und gärtnert hier in der *Chopinstraße*. Der Text ist aus dem Band »Von Blumenmalern und Rosentauchern«.

Wir folgen dem Weg in den Wald, der sich an die *Chopinstraße* anschließt. Er führt uns mit weiteren literarischen Kabinettstückchen durch den Wald zum Schloss Solitude. An der nächsten Kreuzung stoßen wir auf den *Sommerhaldenweg*. Rechtsherum gelangen wir schließlich zu einer *Wegekreuzung mit einer Hütte*. Wir bleiben jedoch weiter auf dem *Sommerhaldenweg*, der nun in einer weit geschwungenen Linkskurve durch den Wald führt, dann ein ganzes Stück geradeaus, schließlich folgt wieder eine Rechtskurve. Nach insgesamt etwa zwanzig Minuten gelangen wir dann zum *Neuen Sträßle*, das uns zum *Schwarzwildgehege* bringt. Wir gehen das *Neue Sträßle* weiter geradeaus entlang, bis wir am Ende des umzäunten Geheges den *Jägerweg* erreichen. Rechter Hand befindet sich nun der *Saufangpavillon*.

Sommerhaldenweg

Saufangpavillon

7

Das ursprüngliche Areal des Schwarzwildparks umfasste im 19. Jahrhundert den gesamten Wald zwischen Wildparkstraße und Botnang. Angelegt wurde er 1815 von König Friedrich von Württemberg. Seit 1965 sind wieder vier Hektar des Parks eingezäunt und einige wenige Wildschweine tummeln sich in dem kleinen Gelände. Zu Zeiten der Herzöge und Könige waren die Schwarzkittel allerdings weniger zutraulich. Schon Herzog Carl Eugen von Württemberg liebte es, im Wald westlich von Stuttgart in der Nähe seines Schlosses Solitude der Jagdlust zu frönen. So berichtet der Freiherr von Buwinghausen-Wallmerode, ein Chronist und Hilfsoffizier Carl Eugens, am 3. November 1769:

Heute war das Jägerfest. Der Herzog celebrirten diesen Tag mit dreyerley Jagden. Morgens [...] fuhr und ritte man um 8 Uhr in die Gegend des großen Saufangs, woselbsten man auf einem grossen Lauf 16 Haubtschwein, 11 angehende, 23 Keuler, 13 Bachen, 13 Frischlinge = 76 St. hetzte. Nachdeme solches 2 Stunde gedauert, so fuhr und ritte man über die Solitude zurück nach dem Kalenberg, woselbsten 3 Hirsche eingerichtet waren, welche man herausließ und auf dem freien Feld mit Hunden fing. [...] Auf allen 3 Jagden waren Schirme, und da die ord. 7 Damen, welche mit hier sind, überall mit herumfuhren, so konnten sie auch alle Jagden sehr commod mitansehen.

So gemütlich haben es heutige Damen beim Wandern leider nicht mehr!

Am Saufangpavillon vorbei folgen wir nun dem *Jägerweg*. Nach etwa anderthalb Kilometern knickt der *Jägerweg* auf dem *Rötelberg* rechts ab und wir erreichen schließlich nach einigen weiteren hundert Metern den von Botnang kommenden *Oberen Kirchhaldenweg*, der geradewegs auf die *Bergheimer Steige* zuläuft. Nachdem wir die *Bergheimer Steige* überquert haben, folgen wir ihr nach rechts über den Parkplatz hinweg, bis nach 300 Metern schließlich die *Kastanienallee* zum *Schloss Solitude* abbiegt.

Schloss Solitude

8

Nicht nur heutzutage ist »die Solitude« ein beliebtes Ausflugsziel. Auch im 19. Jahrhundert machten sich die Spaziergänger auf den Weg dorthin. Eduard Mörike ist uns schon in Botnang begegnet. Im Mai 1822 war der Journalist Ludwig Börne in einer großen Gesellschaft unterwegs.

Er berichtete davon einer Freundin in Frankfurt, und da sich kaum eine amüsantere Schilderung denken lässt, sei der Brief hier ausführlicher zitiert:

Vor der Stadt, an einem Teiche, der Feuersee genannt, sollten wir uns versammeln, um dann in Gesellschaft die Wanderung anzutreten – so war die Abrede. [...] Der Zug bestand aus etwa 100 Personen, und es war ein herrlicher Anblick, wenn man ihn, zurückblickend, den Berg hinan- oder vorauseilend, die Höhe hinabsteigen sah. Ach, und welche Schönheiten! Mein Herz sieht aus wie ein Stachelschwein, so voll steckt es von Pfeilen! Um 10 Uhr kamen wir nach Solitüde, wo wir von herrlicher Musik empfangen wurden. Welche Aussicht, welche Landschaft! Dann wurde Wein und

Der Saufang-pavillon von 1843 im Schwarzwild-park – früher ein Schießhaus zum »commoden« Jagen der Schwarz-kittel – dient heute als Futterhaus.

Schokolade gefrühstückt. Dann ging es nach einer offenen Stelle des Waldes. Die Frauenzimmer warfen sich ins Gras, wir uns zu ihren Füßen. Dann wurden Eichenblätter gepflückt, und die Frauenzimmer flochten Kränze, die sie sich selbst in die Haare, den Herrn um die Hüte banden. Nachher wurden Gesellschafts-Spiele getrieben, meistens im Laufen bestehende: Wolf und Hasen – Katz und Maus. Sie hätten mich als Katze sehen sollen! Man muss ein Mädchen als eine Maus erhaschen. Mittags gingen wir ins Schloss zurück und speisten. Es war die jubelndste Gesellschaft, die ich je gesehen habe. Die älteren Herren betranken sich, die Frauenzimmer sangen. Ich hätte nie gedacht, daß sich so viel Ausgelassenheit mit so viel Anstande paaren lässt! Ich habe nie in meinem Leben einen vergnügtern Tag erlebt (denn Sie zähle ich nicht zu meinen irdischen Freuden). Nach dem Essen wurde bis abends 8 Uhr getanzt, und dann ging man nach Hause. [...] Nachmittags wurde in einem großen Zuber eine Weinlimonade zubereitet. Ich goss eigenmächtig ein halbes Dutzend Bouteillen Arrak und Wein nach. Das wirkte, wie ich es mir vorgesetzt. Ich war »vergnügt wie ein

Ludwig Börne (1786–1837) genoss einen Solitude-Ausflug im Mai 1822 mit hübschen Frauenzimmern, Likör, Wein und Schokolade. Moritz Oppenheim porträtierte Ludwig Börne 1827 in Öl. Das Bild gehört heute zum Bestand des Israel Museums Jerusalem.

Maikäfer«, wie einer meiner Freunde sich ausdrückte. Wenn Sie hierher kommen, sorge ich dafür, daß so eine ähnliche Partie veranstaltet werde.

Börnes pointiert-witzige und anschauliche Schreibweise machte ihn damals sehr populär. Von ihm erschienen Beiträge unter anderem in Johann Friedrich Cottas Zeitschrift »Morgenblatt für gebildete Stände«. Er kam nach Stuttgart, um mit dem Verleger Cotta über die Herausgabe seiner eigenen Zeitschrift »Die Wage« zu verhandeln.

Schloss Solitude ließ sich Herzog Carl Eugen von 1763 bis 1767 erbauen, darüber hinaus wurden zahlreiche Nebengebäude und ein riesiger Lustgarten errichtet und natürlich auch die Verbindungsstraße von Ludwigsburg zum Schloss, die heute noch in weiten Teilen existierende Solitudeallee. Der Lustgarten mit Orangerie, Chinesischem Haus, Gewächshäusern und vielem mehr war eine Art Vergnügungspark für den Herzog und seine höfische Gesellschaft. In die

Vergnügungspartien war auch der Bärensee miteinbezogen, der durch einige original dort befindliche venezianische Gondeln samt Gondolieri zu einer Art Canal Grande gemacht wurde.

Nähern wir uns nach der Kastanienallee weiter den Schlossanlagen, finden wir zunächst links die so genannten Kavaliershäuschen. Eines der Kavaliershäuschen mit der Adresse *Solitude 16* auf der östlichen Seite neben dem Schloss Solitude beherbergte eine berühmte Familie: Hier verstarb 1796 Johann Caspar Schiller im Alter von 73 Jahren, der Vater Friedrich Schillers. Er war Offizier unter Carl Eugen und trat 1775 seinen Dienst als Leiter der herzoglichen Gärten auf der Solitude an. Das war gerade in dem Jahr, als sein Sohn Friedrich nach zwei Jahren Militärakademie auf der Solitude nach Stuttgart umzog, um dort die neuen Räumlichkeiten der Akademie hinter dem Neuen Schloss zu beziehen.

Solitude 16

9

Johann Caspar Schiller legte Baumschulen an und trat auch als Autor von Fachbüchern in Erscheinung, in denen er sich mit Ackerbau, Viehzucht und Weinkultur beschäftigte. Für seine Schrift »Gedanken über die Baumzucht im Großen zur Besetzung der Haupt- und Landstraßen mit Bäumen« im Jahr 1793 bat er seinen mittlerweile berühmten Sohn, den Text sprachlich zu überarbeiten und einen Verleger zu finden. Als 1796 Herzog Friedrich Eugen, der Nachfolger Carl Eugens, die

»Die schwere Arbeit besiegt in vier Jahren mit dem Führer Carolus die öde Einsamkeit«, so die Übersetzung einer lateinischen Inschrift am Schloss Solitude, das von Herzog Carl Eugen 1763 bis 1767 erbaut wurde.

planmäßige Zerstörung der Anlagen von Schloss Solitude beschloss, schrieb Vater Schiller an den Sohn:

Außer dem Schloßgebäude, Lorbeersaal und Chineser Haus sollen alle Häuser auf den Abbruch verkauft, in den Gärten die Bogengänge, Gitterwerk etc abgebrochen werden, die Anlagen ohne weitere Cultur der Natur überlassen; die Orangerie nach Ludwigsburg versetzt und vielleicht auch die Baumschule anderswohin verlegt werden. Was mit mir werden soll, das kann ich noch nicht erraten, aber fürchten will ich Nichts, denn ich bin unter Gott, wie Philipp der Zweite, da ihm sein Admiral sagte, die ganze Armada sei zu Grund gangen.

Auch Christophine, die älteste Schwester Schillers, wäre beinahe noch zu literarischen Ehren gekommen. 1796 soll der zweite Band von Johann Caspar Schillers »Die Baumzucht im Großen aus Zwanzigjährigen Erfahrungen im Kleinen in Rücksicht auf ihre Behandlung, Kosten, Nutzen und Ertrag beurtheilt« mit der genauen Beschreibung zahlreicher Apfel-

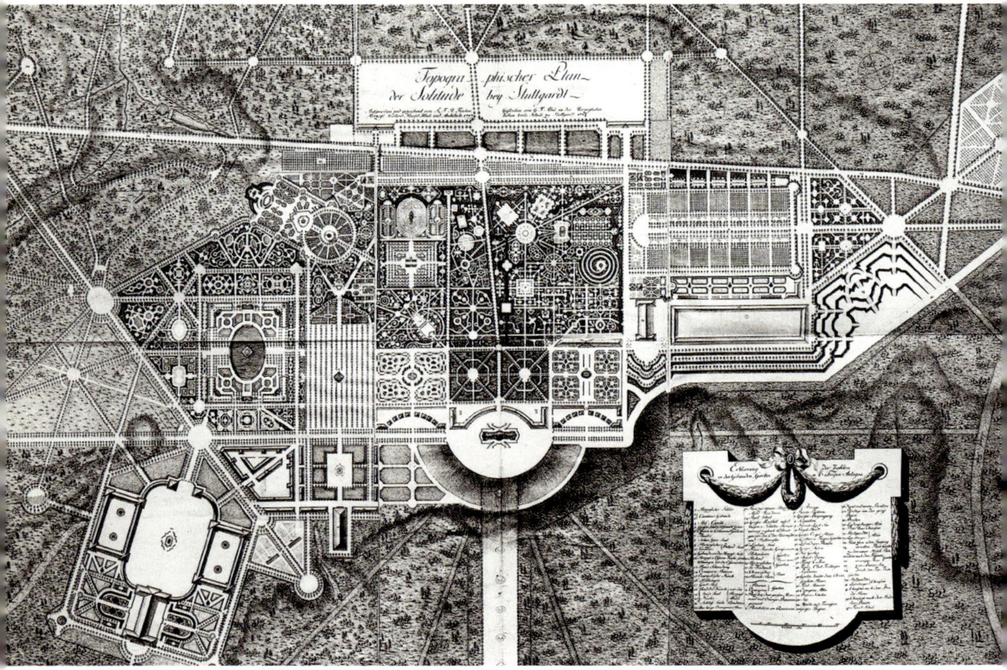

Plan der ursprünglichen Gesamtanlage von Schloss Solitude. Rechts oben eine der Forstschulen, die Johann Caspar Schiller unterstanden, links unten ein geplanter, aber nicht ausgeführter Komplex für die Militärakademie. 1777 gezeichnet von dem Architekten R. F. H. Fischer

Friedrich Schillers Schwester Christophine zeichnete die Bildtafeln in Johann Caspar Schillers Werk »Die Baumzucht im Großen aus Zwanzigjährigen Erfahrungen im Kleinen […] beurtheilt«.

und Birnensorten erscheinen. Die Abbildungen der Früchte zeichnet Schwester Christophine. Das Hauptwerk Johann Caspar Schillers bleibt wegen seines Todes am 7. September 1796 Fragment, erscheint aber schließlich fast 200 Jahre später 1993 mit den Abbildungen von Schillers Schwester.

Begraben liegt Johann Caspar Schiller auf dem Gerlinger Friedhof neben der früh verstorbenen Schwester Schillers, Nanette. Wer möchte, kann nun noch die Innenräume des Schlosses besichtigen oder den kleinen Solitude-Friedhof an der Bergheimer Steige Richtung Weilimdorf mit den Gräbern des Choreographen und Ballettmeisters John Cranko und der Eltern des ehemaligen Bundespräsidenten Richard von Weizsäcker.

Haltestelle »Solitude«, Buslinie 92

X

Ein Museum mit Werken des Bildhauers Fritz Graevenitz ist sonntags geöffnet und zeitweise gibt es auch Ausstellungen in der Akademie Schloss Solitude. Mit der *Buslinie 92* geht es dann zurück in die Stuttgarter Innenstadt.

B 295
Wiener Platz
FW
Siemensstr.
Steiermärker Str.
Wiener Str.
Stuttgarter Str.
Burgen-
Pöltener-
Sankt-
Grazer
Bregenzer
Bludenzer Str.
Dornbirner Str.
Leobener Str.
Wachaustr.
Hesse-Str.
Heidestr.
Lenbachstr.
Oswald-
Fahrionstr.
Hap-
pold-
Staufenecks.
Ensteinstr.
Feuerbacher-Tal-Str.
Merzen-
Dieterle-
Burghaldenstr.
Feuerbach
Höhenpark
Killesberg
Stresemannstr.
Akademie
der bild. Künste
Am Kochenhof
Friedrich
Feuerbacher Weg
380
Am Kräherwald
Bismarckturm
Am Bismarckturm
Heide
Robert-Bosch-Str.
Parler-
Birkenwald-
Robert-Mayer-Str.
Lenzhalde
Eduard-Pfeiffer-Str.
Relenbergstr.
Hauptmannsreute
Türle
Maybach-
Siegle
Leitz-str.
X
1
2
3
4
5
6
7
8
9
10
11
X
0
1 : 15 000
500m

Dichter, Denker und Präsidenten

Vom Killesberg nach Feuerbach

Rückblick

Kein Haus gebaut
Keinen Sohn gezeugt
Nur Bücher geschrieben.

Genügt es?
Nein, es genügt nicht.

Auch das mit dem Besitz
Ist bei dir so eine Sache,
Eine fragwürdige, wie sich versteht.

In Dachstuben hast du gewohnt
Mit Möbeln von früher.
Die hast du lange gekannt.

Was die anderen so »Leben« nennen,
War für dich mühsam.
Geschafft hast du es nie.
Wenn du nur durchkommst.

(Hermann Lenz)

Wir folgen den Spaziergängen des Schriftstellers Hermann Lenz auf der Feuerbacher Heide und schauen uns das Haus an, in dem seine autobiografischen Familienromane spielen – »Stuttgarter Buddenbrooks« sozusagen. Außerdem begegnen wir auf unserer Dichtererkundung durch Stuttgart-Nord und Feuerbach einem schriftstellernden Bundespräsidenten, einem sagenhaften Wurm mit Tatzen und den Resten einer alten Raubritterburg. Über den Feuerbacher Weg, einen uralten Fernhandelsweg, erreichen wir schließlich Feuerbach. Im dortigen Pfarrhaus der Mauritiuskirche besuchten die Dichter Ludwig Uhland und Eduard Mörike ihre Verwandten in Pfarrersdiensten.

Zum Ausgangspunkt unserer Tour gelangen Sie auch mit der Stadtbahnlinie U7, indem Sie bis zur Endhaltestelle »Killesberg« fahren. Weitaus schöner ist es allerdings mit der Buslinie 44. Diese Fahrt führt die Birkenwaldstraße hinauf, an der Erlöserkirche, dem Chinesischen Garten, den Stuttgarter Weinlagen Kriegsberg und Mönchhalde vorbei. Immer wieder hat man herrliche Ausblicke weit über Stuttgart hinaus bis zum Mainhardter Wald. Wir steigen an der *Haltestelle »Kunstakademie«* aus.

Haltestelle »Kunstakademie«

X

Hermann-Lenz-Höhe

1

Unsere erste Station auf der Tour ist die *Hermann-Lenz-Höhe*. Von der *Bushaltestelle »Kunstakademie«* überquert man die *Birkenwaldstraße* und erreicht die Grünanlage mit Aussichtspunkt. 2001 wurde sie nach dem Stuttgarter Schriftsteller Hermann Lenz benannt.

Haben Sie schon mal von Hermann Lenz gehört? Wer jetzt antwortet, das ist doch der Schriftsteller, der die »Deutschstunde« geschrieben hat, liegt leider völlig falsch. Das war Siegfried Lenz. Obwohl 1978 mit dem hoch angesehenen Büchnerpreis ausgezeichnet, ist Hermann Lenz weit unbekannter als sein Namensvetter. Lenz, also Hermann, war ein empfindlicher, verschlossener und zurückhaltender Mensch, der jahrzehntelang hier auf dem Killesberg Romane schrieb, von denen fast niemand Notiz nahm. Bis er dann 1973 im Alter von sechzig

Hinfahrt	Buslinie 44, Haltestelle »Kunstakademie«.
Rückfahrt	Stadtbahnlinien U6 und U13, Haltestelle »Wilhelm-Geiger-Platz«.
Länge	5 Kilometer.
Dauer	2 Stunden.
Besichtigung	**Theodor-Heuss-Haus,** Feuerbacher Weg 46. Geöffnet dienstags bis sonntags 10 bis 18 Uhr. **Bismarckturm auf dem Gähkopf.** Von Ostern bis Ende Oktober geöffnet. Samstags von 15 bis 19 Uhr, sonntags und an Feiertagen von 11 bis 19 Uhr. **Weißenhofmuseum,** Rathenaustraße 1–3. Dienstags, mittwochs, freitags bis sonntags 11 bis 18 Uhr, donnerstags 11 bis 20 Uhr.
Einkehrmöglichkeiten	**Restaurant »Holzwurm«,** Hermann-Pleuer-Straße 15. Telefon (07 11) 4 56 92 81. Zu bestimmten Jahreszeiten sind Besenwirtschaften in Feuerbach geöffnet.

Jahren an Popularität gewann und seine Bücher im Suhrkamp-Verlag erschienen. Der bekannte österreichische Schriftstellerkollege Peter Handke hatte in der Süddeutschen Zeitung einen großen Essay über Lenz veröffentlicht und plötzlich war Letzterer in aller Munde.

»… und von der Straßenkehre mit den Kugelahornbäumchen dehnte sich das Tal weit aus …« Blick von der Birkenwaldstraße in den Stuttgarter Talkessel

Lenz wurde am 26. Februar 1913 in Stuttgart geboren und verbrachte seine Jugendzeit in Künzelsau im Hohenlohischen. Seit den 1920er-Jahren lebte er in Stuttgart, ab 1975 dann in München, wo er 1998 im Alter von 85 Jahren starb.

Wenn man durch die Grünanlage hindurchgeht, findet man an einer kleinen Mauerbrüstung eine Bronzetafel mit einem bezeichnenden Zitat von ihm:

Vor deiner Haut beginnt die Fremde.

Hermann Lenz hat sich sein Lebtag als Außenseiter gefühlt, der mit seinem Leben eigentlich nur mühsam zurechtkommt. So drückt er es auch in dem eingangs zitierten Gedicht aus. Seine Lebensmaxime hieß: »Wenn du nur durchkommst.« Stuttgart und der umliegenden Landschaft fühlte er sich sehr verbunden. Besonders die Aussicht auf die Stadt vom Killesberg hinunter hat er in seinen Romanen immer wieder beschrieben. In »Tagebuch vom Überleben und Leben« schreibt er:

Später, als Hanne und Eugen zusammen in den Abend hineingingen, war's noch hell, und von der Straßenkehre

Hermann Lenz (1913–1998) schrieb jahrzehntelang auf dem Killesberg Romane und führte hier ein zurückgezogenes Leben.

mit den Kugelahornbäumchen dehnte sich das Tal weit aus, mit den blauen Hügeln in der Ferne und Wiesen in der Nähe, hohen Pappeln weiter unten und dem Rotenberg weit draußen, indes die Löwensteiner Berge verschwanden in der Dämmerung.

Der hier erwähnte Eugen Rapp ist die Romanfigur von Hermann Lenz' autobiografischen Romanen, gewissermaßen sein zweites Ich; Hanne das literarische Pendant seiner Frau.

Birkenwaldstraße

In der Weißenhofsiedlung, die sich am Ende der *Birkenwaldstraße* östlich an das Areal der Kunstakademie anschließt, lebte in den 1930er-Jahren ein weiterer Schriftsteller, mit dem Hermann Lenz Kontakt knüpfte. In seinem Roman »Andere Tage« heißt es:

»So, jetzt gehe ich zum Dichter.« Der Dichter wohnte um die Ecke und hieß Stefan Bitter [...]. Er hatte ihm geschrieben, es ging um ein Gedichtbuch, das Bitter zu Hause hatte, also um etwas besonders Feines; in der Buchhandlung war's nicht zu kaufen, weshalb man also zum Dichter persönlich gehen, ihm schreiben und ihn anläuten mußte.

Am Weißenhof 22

So lernt Eugen Rapp den Dichter Stefan Bitter kennen, der in Wirklichkeit Georg von der Vring hieß und *Am Weißenhof 22* wohnte.

Die 1927 errichtete Weißenhofsiedlung ist bis heute ein herausragendes Zeugnis der Architektur der Moderne. Hier die Häuser des Architekten J. J. P. Oud, Pankokweg 5–9

Wer mag, kann einen kleinen Abstecher in die sehenswerte Weißenhofsiedlung machen. Dazu verlässt man die *Hermann-Lenz-Höhe* und geht zur *Straßenkreuzung Am Kochenhof/Friedrich-Ebert-Straße.* Nachdem man die Kreuzung überquert hat, geht man links am *Kiosk* in die Straße hinein, dann gelangt man zur Straße *Am Weißenhof,* der man dann rechts in die Siedlung etwa 200 Meter bis zur Nr. 22 folgt.

1930 zog der 1889 in Brake bei Bremen geborene von der Vring mit seiner zweiten Frau Marianne nach Stuttgart. Seine erste Frau Therese war früh an Tuberkulose verstorben. Nach Stuttgart kam er, um seine beiden Söhne auf die Waldorfschule zu schicken, darüber hinaus suchte er einen Verleger für seine Werke. Von der Vring machte hier Arbeiten für den Süddeutschen Rundfunk, er schrieb Hörspiele und Unterhaltungsromane, die zum Teil in großen Auflagen erschienen. Hermann Lenz' Schwester Margret war bei von der Vrings alias Bitters einige Zeit Hausmädchen. In »Andere Tage« steht:

Bitters wohnten in der modernen Siedlung, die ‚Schwäbisch Marokko' genannt wurde und fünf Minuten von Margrets Elternhaus entfernt lag. Da konnte sie dann zu Hause schlafen, denn in Bitters flachem Häuschen war nur wenig Platz. Sonntags klopften Leute an die Wände, weil sie

»Wie fühlen Sie sich denn in Ihrem Wohnmaschinele?« Der Dichter Georg von der Vring im Jahre 1935 in der Weißenhofsiedlung

meinten, dass die nur aus Pappe seien, und einmal fragte einer: »Wie fühlen Sie sich denn in Ihrem Wohnmaschinele?«

1938 zog von der Vring nach Möhringen, 1943 nach Schorndorf und später dann nach München. Dort ist er 1968 gestorben. Von der Vring ist heute so gut wie vergessen, obwohl er zu den großen deutschen Naturdichtern des 20. Jahrhunderts gehört:

Die letzte Rose

Wer hat dieser letzten Rose
Ihren letzten Duft verliehn?
Tritt hinaus ins Sonnenlose,
Atme ihn und spüre ihn,

Wie er rot im Offenbaren
Und verschwebender wie Wein
Wesen kündet, die nie waren,
und die hier nie werden sein.

Birkenwaldstraße 214

2

Wir folgen nun der *Birkenwaldstraße* bis zur Ecke *Birkenwaldstraße/Robert-Mayer-Straße*. Dort steht das Gebäude *Birkenwaldstraße 214*. Hier befand sich ab 1924 der »Weißenhofbäck«, eine Bäckerei mit Café, die beide nicht mehr existieren. In den 1970er-Jahren wurde das Haus noch einige Zeit als Hotel garni geführt. Heute sieht es zwar etwas weniger einladend aus, doch kann man sich auf der terrassenartigen Erhöhung gut ein Straßencafé vorstellen, und der Eingang an der Birkenwaldstraße erinnert noch entfernt an ein Ladengeschäft. Den ehemaligen Treppenaufgang zur Terrasse zieren heute hinter einem Bretterverschlag die Mülltonnen. Hier kehrten früher Studenten und Professoren der Kunstakademie ein und Familienfeste wurden gefeiert. Der Weißenhofbäck gehörte nach dem Zweiten Weltkrieg dem Schwager von Hermann Lenz, Emil Wieland. Hermann Lenz' Schwester Margret besorgte für ihren Mann die Buchhaltung. In den Romanen tritt Emil Wieland als der »ordentliche Schaffer« Emil Reiser auf, der den Dach-

Das Haus des ehemaligen »Weißenhofbäck«, lange Jahre geleitet von Hermann Lenz' Schwager. Die alte Aussichtsterrasse beherbergt heute einen Geräteschuppen und Kübelpflanzen.

»Später saß er wieder in seiner Dachstube, kritzelte und las. Und am anderen Morgen war der Vorhang seines Fensters hell vom fahlen Novemberlicht, und er saß am Schreibtisch ...« Hermann Lenz lebte und schrieb bis 1975 im Haus in der Birkenwaldstraße 203.

Birkenwaldstraße 203

3

stubenhocker und »Intellektüllen« Eugen Rapp immer etwas herablassend behandelt. Auch Eugens Vater, ein pensionierter Lehrer, sitzt gerne im Ladenstübchen der Bäckerei. So heißt es in seinem Roman »Der Wanderer«:

Der Vater saß im Ladenstübchen der Bäckerei des Emil Reiser, zu der auch ein Café gehörte. Weil Emil sein Schwiegersohn war und weil der Vater mit seinen Nächsten gut auskommen wollte, fühlte er sich wohl im Ladenstübchen. Seine Tochter, zu der er Margretle sagte, brachte ihm, das Hinterteil schwenkend, ein Schnäpsle, während Emil in einer Illustrierten blätterte. Der Bäckermeister, der sich freute, wenn er als Konditor und Cafétier bezeichnet wurde, saß im kurzärmeligen Hemd am Tisch, und seine Brustmuskeln und Bauchfalten bildeten sich im Hemd ab; er hatte feingliedrige Hände. Jetzt mischte er die Skatkarten, legte sie auf den Tisch und sagte: »Wenn man arbeitet, verdient man Geld, und das gibt Wohlstand.«

Die *Birkenwaldstraße* weiter abwärts kommen wir zu einem Lebensmittelladen. Gegenüber steht das Haus *Birkenwaldstraße 203*. Schauen wir uns doch einmal das Haus an, in dem Hermann Lenz fast wie der arme Poet in dem berühmten Bild von Carl Spitzweg in einer Dachstube wohnte.

Am linken Giebel entdeckt man ganz oben ein einzelnes Fenster mit Fensterläden. Hier ist sie nun die Dachstube, Dichterbiotop und Rückzugsort, von Hermann Lenz alias Eugen Rapp. Da sitzt er, schreibt und ist mit sich und der Welt im Reinen. Aus »Tagebuch vom Überleben und Leben«:

Später saß er wieder in seiner Dachstube, kritzelte und las. Und am anderen Morgen war der Vorhang seines Fensters hell vom fahlen Novemberlicht, und er saß am Schreibtisch bei dem Miniaturbildchen der Amélie de Brabbard, einem blonden Kind mit nackter Schulter und hellblauen Augen; die schauten ihn über sein Schreibzeug mit den aufgemalten Empiregirlanden an. Denn so liebte er's, und so war es wichtig für ihn: Hinter der Wand seines Dachzimmers sitzen und schreiben.

Nachdem Lenz alias Eugen Rapp aus dem Zweiten Weltkrieg und aus amerikanischer Kriegsgefangenschaft zurückkehrt, zieht er im Alter von 33 Jahren wieder in die Dachstube im Haus seiner Eltern, wo er schon als Zwölfjähriger seine

Hermann Lenz 1956 mit seiner Frau Hanne in der Dachstube der Birkenwaldstraße 203

Luftbild der Gegend um den Kochenhof um 1928. Links im Hintergrund die Birkenwaldstraße, rechts hinten der Mühlbachhof mit den Tennisplätzen des TC Weißenhof und im Vordergrund links das Ausflugslokal Kochenhof, ein ehemaliger Bauernhof

Schulaufgaben gemacht hatte. Später bezieht seine Frau Hanne eigene Räume im Haus. Eugen Rapp ist ein »g'späßiger Kerle«, wie Vater Rapp zu sagen pflegt, also ein eigenartiger, schrulliger Kerl, der keinem ordentlichen Beruf nachgeht. Stattdessen verzieht er sich abends in seine Dachstube und kritzelt vor sich hin. Tagsüber schafft er auch nichts Rechtes, sondern arbeitet in untergeordneten Tätigkeiten: nach dem Krieg zunächst als Sekretär des Stuttgarter Kulturbundes und ab den 1950er-Jahren dann als Sekretär des süddeutschen Schriftstellerverbandes. Letzteren nennt Vater Rapp abschätzig einen »Bubabberlesverein«. Dem wäre es lieber, Eugen hätte sein Studium der Kunstgeschichte beendet und hätte eine Stelle im Kulturministerium, ein Häusle und mit seiner Frau Hanne zwei Kinder. Doch sein Sohn, der introvertierte Träumer, ist alles andere als ehrgeizig und würde am liebsten im Wien der Jahrhundertwende leben, also weitab in der Vergangenheit. Er schlendert am liebsten auf der Feuerbacher Heide oder im Kräherwald herum, betrachtet die Menschen um sich her oder schaut in die Ferne.

Bushaltestelle »Viergiebelweg«

Wir tun es ihm heute gleich und gehen nun die *Birkenwaldstraße* ein Stück weiter abwärts bis zur *Bushaltestelle »Viergiebelweg«*. Hier zweigt eine Treppe zum *Saumweg* ab. Dem *Saumweg* folgen wir und setzen dann den Weg wiederum auf Treppenstufen im Park weiter fort, bis wir schließlich eine befestigte Straße erreichen. Dort liegt linker Hand die Mühlbachschule und auf der gegenüberliegenden Seite tauchen die Vereinsanlagen des *Tennisclubs Weißenhof* auf.

Wir spazieren den *geteerten Weg* zwischen Schule und Vereinsgebäude weiter, gedenken der Nichtliteraten Björn Borg, Ivan Lendl oder Boris Becker, die sich hier mit lukrativeren Dingen als Bücherschreiben beschäftigten, und erreichen die *Parlerstraße.*

Parlerstraße

4

Nach dem Zweiten Weltkrieg sah es hier noch ganz anders aus. Das Gelände des Tennisclubs bestand nur aus wenigen Plätzen und im Sommer wogten Getreidefelder, die ehemals zum großen Gutshof »Weißenhof« gehörten. Wir befinden uns nun auf der ehemaligen Feuerbacher Heide, von der nur noch wenige Teile übrig sind. Hermann Lenz schildert in »Tagebuch vom Überleben und Leben« einen Spaziergang Eugen Rapps Anfang 1947:

Dann ging er spazieren in der matten linden Frühlingswärme. Neben den Tennisplätzen war die Wintersaat jetzt schon so hoch, wie eine Hand lang war. Und er stellte sich vor, wie im Juli Weizenhalme neben dem Weg schwanken würden, denn so war's ihm von vergangenem Jahr her in Erinnerung. [...] Nicht weit von den Tennisplätzen fand er ein hölzernes Aussichtshäuschen über einem Steinbruch, dessen Flanken von Büschen überwachsen waren.

Wir folgen der *Parlerstraße* ein kleines Stück nach rechts und schlagen dann den Fußweg parallel zur Straße *Am Tazzelwurm* ein.

Am Tazzelwurm

Ist Ihnen schon mal ein Tazzelwurm begegnet? Hoffentlich nicht! Ein Riesenwurm mit Tatzen, auch Drache genannt, ist bekanntlich ein recht unangenehmer Zeitgenosse. Und einen solchen soll es hier auf der Feuerbacher Heide gegeben haben? Nun ja, historisch gesichert ist zumindest, dass es weiter die Straße hinauf unter der heutigen Adresse Am Tazzelwurm 17 einen Biergarten mit dem Namen »Zum Tazzelwurm« gab. Ein gleichnamiges Gedicht des badischen Dichters Viktor von Scheffel war um die Jahrhundertwende so populär, dass sich Wirtshäuser danach benannten, um die Kundschaft anzulocken. Eine fantasievollere Erklärung findet sich in dem Bilderbuch »Der Märchenberg« von Elisabeth Gertrud Stockinger:

Im alten Stuttgart [...] wohnte vor vielen, vielen Jahren ein Weingärtner, der den besten Wein weitumher hatte. Sein Weinberg lag am Haus jenes Hügels, über den es auf die Höhe dem Kräherwald zuging.

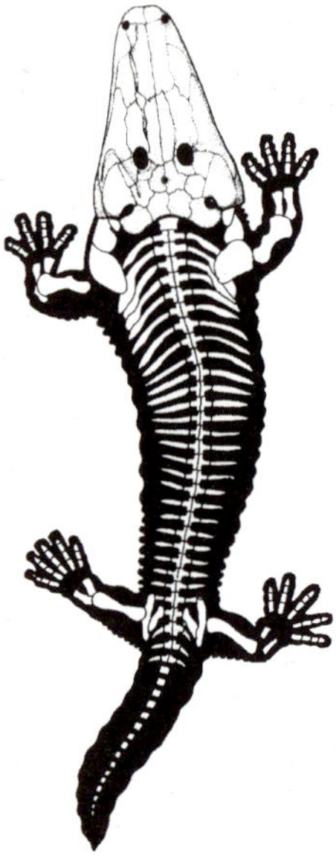

Eine Zeichnung des Skeletts eines Cyclotosaurus robustus. In den Killesberg-Steinbrüchen wurden Überreste großer Panzerlurche aus der Urzeit entdeckt. Früher dachte man, es seien die Überreste des sagenhaften »Tazzelwurms«.

Als der Stuttgarter Stadtrat verordnete, dass die Misthaufen in der Stadt zu entfernen seien, wurde der an sich liebenswürdige Winzer ob dieser Let's-Putz-Aktion stocksauer, schimpfte laut, schnürte seinen Ranzen und richtete sich in einer Höhle bei seinem Weinberg häuslich auf dem Killesberg ein. Da hörte er eines Tages ein merkwürdiges Stöhnen und entdeckte in einer Nachbarhöhle einen großen Drachen:

Dort lag auf einer dicken Matte ein großer Lindwurm, größer, viel größer als ein Krokodil. Als der den Weingärtner erblickte, richtete er sich hoch auf, setzte sich auf seine Hinterfüße wie ein Känguru und sagte: »Kommst du, um mir zu helfen, oder hast du eine Feuerbüchse bei dir, die sogar mich töten könnte?«

Das war der Tazzelwurm, der vor Jahren angeschossen wurde und zum Glück der deutschen Sprache mächtig war. Was machte der Weingärtner? Nicht nur Kenner, sondern auch Tazzelwürmer trinken Württemberger, also päppelte er den Lindwurm mit einem Krug seines besten Stuttgarter Weines wieder auf. Schließlich gab es noch ein richtiges Happy End mit einer schönen Weingärtnerstochter namens Els – mehr sei hier nicht verraten –, und wenn sie nicht gestorben sind, saufen sie noch heute zusammen Wein vom Killesberg.

Die Sage hat sogar ein klitzekleines Körnchen Wahrheit: Es fanden sich in den ehemaligen Steinbrüchen auf dem Killesberg im 19. Jahrhundert tatsächlich große versteinerte Knochen von Reptilien aus der Jurazeit, also gewissermaßen von »Tazzelwürmern«. Die Pfarrer damals verkündeten allerdings unerschrocken, dass es die Überreste von Sündern seien, die nach der Sintflut ertranken. Heutige Forscher vertreten eher die These, dass es Überreste großer Panzerlurche waren. Falls Sie übrigens heutzutage im Killesberg-Park sind und ein Stöhnen, Ächzen und Knattern hören, erschrecken Sie nicht. Da nähert sich dann tatsächlich der Tazzelwurm! Doch keine Angst: So heißt nur eine der Kleinbahnen, die zur Freude der Kinder durch den Park fahren.

Erinnert sei hier auch noch an andere literarische Ereignisse auf dem Gelände des Höhenparks Killesberg, der sich weiter östlich jenseits der Straße Am Kochenhof ausdehnt: 1929 zum Beispiel gab es dort ein internationales Vagabundentreffen. Veranstaltet hatte es der »König der Vagabunden« Gregor Gog. Er lebte mehr schlecht als recht als freier Schriftsteller in Stuttgart-Sonnenberg, während seine Frau Anni Geiger-Gog mit Kinderbüchern erfolgreich für den Lebensunterhalt sorgte. Zum Vagabundenkongress, zu dem sich 600 Teilnehmer ein-

Zur Freude der Kinder hat der »Tazzelwurm« überlebt, denn eine der Dampfloks der Kleinbahn im Killesbergpark trägt diesen Namen.

fanden, sendeten die Schriftsteller Knut Hamsun und Sinclair Lewis Grußadressen. Der von Hermann Hesse verehrte Naturapostel Gusto Gräser hielt eine Ansprache und weltweit berichteten über 500 Zeitungen über die dreitägige Veranstaltung, die vom Stuttgarter Bürgertum misstrauisch beäugt wurde.

Wesentlich länger dauerte das Gastspiel der Fernsehstudios des SDR auf dem Messegelände am Killesberg. Aus der Messehalle 4 kamen von 1954 bis zum Umzug in die Villa Berg elf Jahre später zahlreiche Übertragungen und Produktionen. Zur Mannschaft der ersten Stunde gehörte der junge Martin Walser, der als Reporter, Produzent, Moderator und Regisseur tätig war. Der Regisseur Franz Peter Wirth verfilmte hier Werke von Jean Anouilh, Federico García Lorca oder Friedrich Dürrenmatt.

Feuerbacher Weg

5

Wir folgen nun der Straße *Am Tazzelwurm* bis zur Kreuzung mit dem *Feuerbacher Weg,* in den wir dann links hinauf einbiegen. Wir gelangen hier zu einigen geschichtsträchtigen Häusern, so zur Villa Porsche auf der linken Seite, *Feuerbacher Weg 48–50,* die sich der berühmte Konstrukteur Ferdinand Porsche im Jahre 1924 baute. Autogeräusche eines Porsche Carrera erzeugen ja für viele Autofreunde mehr Wohlklang als die schönsten Gedichte deutscher Sprache. Am Theodor-Heuss-Haus gehen wir zunächst vorbei, bis einige Meter dahinter der Feuerbacher Weg in eine abwärts führende Staffel übergeht.

Der Schriftsteller Gregor Gog, hier mit Frau Anni Geiger-Gog und Sohn, veranstaltete 1929 ein Vagabundentreffen auf dem heutigen Killesberg-Gelände.

Die Klavierhändlerfamilie Klinckerfuß ließ das Landhaus Heidfried Stein für Stein am Feuerbacher Weg wieder aufbauen.

Wo sich heute auf der rechten Seite der Straße terrassenartige Bungalows befinden, stand ehemals ein beeindruckendes Gebäude: die Sommervilla der Musiker- und Klavierfabrikantenfamilie Klinckerfuß. Diese Villa stand ursprünglich unten in der Stadt und gehörte der Verlegerfamilie Cotta. Dann wurde sie verkauft, Stein für Stein abgebaut und wieder neu errichtet. In ihren Erinnerungen »Aufklänge aus vergangener Zeit«, 1947 erschienen, berichtet Margarete Klinckerfuß, die Tochter von Apollo und Johanna Klinckerfuß, wie sie zur Vorbereitung des Transportes mit einem gewissen Herrn Casanova jedes Häuserteil mit Zahlen beklebte. Es war allerdings nicht der berühmte Frauenheld und Abenteurer Giacomo Casanova, der im 18. Jahrhundert lebte, sondern der Lyriker und Kunstsammler Marchese Silvio della Valle di Casanova. Er war Vertreter einer recht seltenen »Spezies«: Während alle Deutschen das Land suchen, wo »die Zitronen blühn«, war er als gebürtiger Italiener »gegen den Trend« begeistert von der deutschen Kultur und Gesellschaft, lebte jahrzehntelang in Stuttgart, sammelte Bilder deutscher Künstler und dichtete auf Deutsch. Casanova stiftete der Stadt Stuttgart seine Gemälde; diese wurden dann der Grundstock der städtischen Gemäldesammlung. »Bei der originellen Arbeit des Zahlenanklebens im Freien kamen Casanova und ich in ernste Gespräche über Literatur und Musik«, schreibt Margarete Klinckerfuß. Das wäre mit dem anderen Casanova sicher nicht passiert ...

Sie veröffentlichte 1947 ihre Erinnerungen »Aufklänge aus vergangener Zeit«: Margarete Klinckerfuß (1877–1959).

Im Jahr 1928 baute sich dann die jüdische Unternehmerfamilie Wolf an gleicher Stelle eine große, moderne Flachdachvilla im Stil des Neuen Bauens. Über das Geschäft des »Lumpen-Wolf«, wie die Firma und ihr Besitzer auch genannt wurden, schreibt der ehemalige Stuttgarter Verkehrsdirektor Peer-Uli Faerber in seinem Roman »Der Stadtinspektor«:

> Der Lumpen-Wolf [...] hatte nach dem Krieg ohne Kapital angefangen und war nach wenigen Jahren Millionär: Er sammelte alte Lumpen und verkaufte sie mit gutem Gewinn an Papierfabriken.

Die Hauptfigur des Romans ist Frieder Scheible, der im Tunzhofer Viertel im Stuttgarter Norden in ärmlichen Verhältnissen aufwächst. Als zwölfjähriger Bub will Frieder als Lumpensammler für Wolf arbeiten. Doch der Vater verprügelt den Sohn, weil der seine Einkünfte »bei dem Menschenschinder« verheimlicht. Aus Rache verscherbelt Frieder beim »Lumpen-Wolf« sämtliche Gesangbücher aus der Kapelle des Pragfriedhofs, wo sein Vater als Leichenbestatter arbeitet.

Feuerbacher Weg 46

6

Wir gehen jetzt wieder zurück zum Theodor-Heuss-Haus. Im *Feuerbacher Weg 46* steht das Wohnhaus des ersten Präsidenten der Bundesrepublik. Von der Stiftung Bundespräsident-Theodor-Heuss-Haus wurde vor einigen Jahren hier eine eindrucksvolle Ausstellung zu Leben und Werk von Theodor Heuss eröffnet. Heuss, 1884 in Brackenheim geboren und 1963 hier im Feuerbacher Weg verstorben, war nicht nur Politiker und Zigarren rauchender Präsident, sondern auch Journalist und Schriftsteller. Im Alter von dreiundzwanzig Jahren hatte er schon über hundert Gedichte verfasst, die allerdings nicht zur Veröffentlichung gedacht waren. Lieber bedachte er damit die von ihm verehrten jungen Damen. Pünktlich zur Verlobung mit Elly Knapp stellte er das Dichten ein und widmete sich ernsteren Angelegenheiten. Den wichtigsten Zweck hatten die Gedichte nun ja auch erfüllt. Heuss hat sogar ein kleines Drama verfasst mit dem Titel »Der Dichter, die Sängerin und ein Regierungsbeamter«.

Nach dem Studium der Volkswirtschaft in München und Berlin war er Mitarbeiter und Mitherausgeber zahlreicher Zeitungen, 1913 zum Beispiel der politisch-literarischen Zeitschrift »März«, die von Hermann Hesse und Ludwig Thoma gegründet worden war. Bekannter wurden dann seine fundierten Biografien, sei es über Robert Bosch oder den großen Liberalen Friedrich Naumann. In dem Band »Von Ort zu Ort«, 1959 erschienen, finden sich einige unterhaltsame Gedanken zu Stuttgart unter der Überschrift »Das schwäbische Florenz«, die den Spaziergänger hier oben am Kesselrand womöglich auch beschleichen können:

Enthusiasten sagen, am halben Hügelhang, aus einer Gartenwelt über das Tal hinweg blickend: Florenz. Das stimmt nicht. Denn der Arno, oder was ihn vertreten müsste, fehlt.

Der Nesenbach kann, so Heuss, den Arno nicht ersetzen und der Neckar liegt nicht gerade im Zentrum Stuttgarts. Schließlich bricht aber aus dem Schwaben Heuss doch die Begeisterung heraus, nämlich beim Anblick von Stuttgart bei Nacht:

Doch was ist das alles gegenüber dem Blick, wenn man in der wolkenlosen Nacht auf die Höhen wandert und das Sternengewirr über seinem blinkenden Widerspiel der Tiefe steht. Diese späte Stunde ist das schönste Geschenk der unvergleichlichen Lage – die in der Tiefe gebettete Unruhe erlischt in ihrer verwirrenden Fülle, die einfachen Linien der Lichtpunkte bleiben, werden sparsamer; aus den

Das Wohnzimmer im Theodor-Heuss-Haus, heute ein Museum, mit der originalen Inneneinrichtung aus den 1950er-Jahren

friedsamen Gärten tritt ein freundliches, nicht ängstigendes Schweigen.

Wir bewegen uns den *Feuerbacher Weg* entlang wieder in Richtung *Feuerbacher Heide*. Unterhalb der Kreuzung mit der Straße *Am Tazzelwurm* steht links unter der Adresse *Feuerbacher Weg 51*, recht imposant die ehemalige Villa der Fabrikantenfamilie Roser. Deren Lederfabrik, die in der 1990er-Jahren Konkurs anmelden musste, stand bis vor kurzem in Feuerbach.

Bonatzweg

7

Auf dem *Bonatzweg* unterhalb der Villa Roser befinden sich Sitzbänke. Von der zweiten Bank aus hat man den schönsten Ausblick in Richtung Norden. Linker Hand erkennt man winzig klein als weißen Fleck das Schloss Solitude, dann den Kräherwald, bei guter Sicht den Stromberg und den Hohenasperg bei Ludwigsburg. Hier war Eugen Rapp, Lenz' Romanheld, auch gerne auf Spaziergängen unterwegs. Ein kleiner spaßhafter Streit mit seiner aus Bayern stammenden Frau Hanne gerät in »Tagebuch vom Überleben und Leben« zu einer Liebeserklärung an seine Heimat Württemberg:

Aber jetzt war es gewissermaßen friedlich, auch wenn Hanne immer wieder sagte, was sei das denn für ein Land,

Den Blick vom Bonatzweg Richtung Norden beschreibt Hermann Lenz in »Tagebuch vom Überleben und Leben«.

dieses Württemberg ... Da ein Bückele und dort ein Bückele, während in Bayern ... »Also, in Bayern ist die Gegend flach, oder dann gleich richtig hoch: Lauter Zweitausender!«

Das mochte stimmen, aber Eugen waren diese sanften Hügel Württembergs, die in der Ferne blau ausbleichten, liebenswert. Und er sah vom Höhenweg über die Kornfelder hinterm Weißenhof bis dort hinüber, wo weit draußen, hinterm Asperg und hinter den Löwensteiner Bergen, das Hohenloher Land anfing, von hier nur als Linie zu sehen wie der Sprung in einer Glasplatte. Und nahebei die grünen Hügel mit den blauen Wälderschatten, schon drüben oberhalb Feuerbachs.

1973 kam Peter Handke zu Besuch nach Stuttgart, um sich die Heimatstadt des von ihm verehrten Hermann Lenz anzusehen. Handkes Urteil über Stuttgart fiel allerdings vernichtend aus:

Von allen deutschen Städten, die ich kenne, habe ich mich nur in Stuttgart bedingungslos fehl am Platz gefühlt, und nicht einmal, als ich mit Hermann Lenz über den Killesberg ging, verging meine gesträubte Unbehaglichkeit vor dieser Stadt [...]. Wo wir auch gingen – es herrschte ein Villenleben, zugeschnürt und erstickt, weder Stadtwirrwarr, noch Naturaufnahmen, eine hügelige Landschaft von Vorgärten und Naherholungsabtritten, wo man Mütter zu ihren Kindern sagen hört: »Noch bis zu diesem Strauch dort gehst du bitte, dann trag ich dich!« [...] Noch bis tief in die Nacht heulten überall in der Stadt, auch weit entfernt, die Straßenbahnen [...] Dieses Stuttgart! dachte ich fassungslos. Diese Straßenbahnen! Diese Villen und Straßenbahnen!

Auch Hermann Lenz berichtet von diesem ersten Treffen. Es zeigt sich allerdings, dass ein jeder so ein Treffen etwas anders in Erinnerung behält. In »Bilder aus meinem Album« aus dem Jahr 1987 schreibt er:

Hernach gingen wir über die Wiesen bei der Villa Porsche und durch die Grünewaldstraße. Er fragte mich: »Sind Sie einsam?« Es kam mir vor, als würde ich durchleuchtet [...]. Wir gingen in den Kräherwald, und Amina [Handkes Tochter] rief: »Oh, ein Blumenwald!« Sie pflückte viele Anemonen, wurde müde und wollte von Papa getragen werden. Da sagte er zu ihr: »Wenn du noch bis zu diesem Busch dort gehst, dann trage ich dich!« [...] Als er gegen Herbst zu ein zweites Mal hier war und wir zwischen den Killesberg- und Feuerbacher-Heide-Villen gingen, blieb er stehen, schaute sich um und sah auf die dunstige Stadt zwischen den sanften Hügeln. Dies erschien mir als ein freundliches Bild, besonders jetzt, bei hellem Wetter. Und reiche Leute hatten allenthalben Villen, Burgen, Edelsitze. Schade, dass du nicht zu denen gehörst, dachte ich, während er den Kopf schüttelte und sagte: »Ich kann da nicht ... Ich könnte hier nicht leben!«

Wir machen auf dem *Bonatzweg* wieder kehrt und gehen zurück zum *Feuerbacher Weg* der nun links als Feldweg an den Schrebergärten vorbei zur verkehrsreichen Straße *Am Kochenhof* führt. Diese überqueren wir an der Fußgängerampel und gehen auf der anderen Straßenseite einige Meter weiter links wieder den *Feuerbacher Weg* weiter. Der Feuerbacher Weg ist Teil eines uralten Fernwegs, auf dem vor über 2500 Jahren schon Güter und Kunsthandwerk transportiert wurden. Nach etwa 500 Metern erreicht man den *Holbeinweg*, über den man zur *Grünewaldstraße* kommt.

Am Kochenhof

Alfred Andersch (1913–1980), der zu den Mitbegründern der Schriftstellervereinigung Gruppe 47 gehörte, lebte drei Jahre in Stuttgart in der Grünewaldstraße 34.

Grünewaldstraße 34

8

Hier machen wir einen kleinen Abstecher zur *Grünewaldstraße 34*. Dort wohnte von 1955 an drei Jahre der Schriftsteller Alfred Andersch.

Der 1914 geborene Andersch war einer der bedeutendsten deutschen Schriftsteller der Nachkriegszeit. Sein populärster Roman, »Sansibar oder der letzte Grund«, gelangte in den Kanon der wichtigsten Romane für den Deutschunterricht. Er war außerdem Mitbegründer der legendären »Gruppe 47«, Herausgeber der Literaturzeitschrift »Texte und Zeichen« und Rundfunkredakteur in Hamburg, Frankfurt und schließlich in Stuttgart. Hier beim Süddeutschen Rundfunk begründete er die Sendung »Radio-Essay« und veröffentlichte Texte von damals jungen und unbekannten Autoren wie Günter Grass, Walter Jens oder Ingeborg Bachmann. Sein Assistent in der Redaktion war Hans Magnus Enzensberger. Andersch zog im August 1955 mit seiner Frau Gisela in die Grünewaldstraße 34. Das Haus erstreckte sich über drei Etagen und lag wie eine Burg mit Ausblick über dem steilen Hang des Feuerbacher Tals. Die Malerin und Grafikerin Gisela Andersch richtete im Hanggeschoss ihr Atelier ein. Überall stapelten sich Bücher im Haus. Trotz der

Idylle hielt es Andersch in Stuttgart nicht lange aus. Die konservative Bundesrepublik unter Adenauer war den Anderschs zuwider, zudem verriss die Stuttgarter Zeitung im Juni 1957 eine Ausstellung von Gisela Andersch. Die Bilder seien für eine Frau zu gefühlskalt und mathematizistisch, hieß es. Das brachte das Fass zum Überlaufen. Andersch schrieb in einem Brief an den Komponisten Hans-Werner Henze nach Italien: *»Die Wut der Stuttgarter Spießer [...] hatte endlich ein geeignetes Objekt gefunden.«* Andersch wusste sich dem Muff der 1950er-Jahre zu entziehen. Im April 1958 erlebte er mit seiner Frau ein strahlendes Frühlingswetter und üppige Blütenpracht, allerdings nicht mehr in der Grünewaldstraße mit Blick auf Feuerbach, sondern in Berzona mit Blick auf den Lago Maggiore. Das war sein Wohnort im Tessin bis zu seinem Tod 1980.

Holbeinweg

Gegenüber dem *Holbeinweg* führt übrigens die Spitzwegstraße links zum Tizianweg, der Stuttgarter Adresse des die meiste Zeit in Camaiore in der Toscana lebenden Autors Dieter Schlesak. Schlesak wurde 1934 in Schäßburg in Siebenbürgen (Rumänien) geboren und übersiedelte 1969 in die Bundesrepublik. In seinem komplexen Roman »Vaterlandstage«, 1986 erschienen, reist der Erzähler Michael T. nach Stuttgart zu Verwandten seiner Frau Jann, bevor er weiter nach C. in Italien fährt. Die Stadt Stuttgart ist in den Satzfetzen kaum zu erkennen:

Stieg T. wirklich in den 42er Bus? Döblin? Sah er oben die Lichter der Stadt im Tal, und löst sich auf dies »Tal«; wie?! Welch Stimmung, und wie eingetaucht? Welche Zusammensetzung haben die Abgase oder die Lederhose, die T. trägt? Gar Metall unterm Sitz. Liest die Abendzeitung: Setz es her: Die letzten Krawallgeschichten, Liebesgeschichten, Schlägerei in der Altstadt. [...]

Stieg aus dem Bus. Ging dem Schalenweg [Tizianweg] zu. [...] Die Hunde begrüßten ihn jaulend und bellend. Familie Fernsehen im großen Zimmer [...].

Während die Familie seiner Frau eine Folge von »Dallas« und das Politmagazin »Monitor« genießt, schweifen die Gedanken von T. zu seinem Sohn und zu seiner Ex-Frau Maria, mit denen er damals im Auffanglager aus Rumänien nach Deutschland kam. Dann fährt Michael T. am nächsten Morgen – wie das Ehepaar Andersch dreißig Jahre vorher – gen Süden nach Italien.

Wir verzichten aber auf den Abstecher zum Tizianweg und gehen weiter den *Feuerbacher Weg* abwärts. Der nächste Abzweig nach links nach dem *Holbeinweg* ist die Straße *An der*

Reste der Burg Frauenberg mit dem Innenraum des Burgturms. Hier war um 1390 das Verlies, in dem Kölner Kaufleute von Gelegenheits-Raubrittern der Burg Frauenberg festgesetzt wurden.

Burg Frauenberg

9

Burg. Wenn wir dort einbiegen, stoßen wir am Ende in einer Sackgasse auf die Reste der *Burg Frauenberg*.

In einer Urkunde von 1251 taucht das erste Mal ein »Wolfram von Vrouwenberg« auf. Die Frauenberger waren die Herren des damaligen Ortes »Fürbach«, sprich Feuerbach, mussten sich allerdings später die Herrschaft mit den Württembergern teilen. Um diese Burg ranken sich einige Histörchen. Eugen Geiger, ein Feuerbacher Dichter und Heimatforscher des frühen 20. Jahrhunderts, bemerkt dazu:

Eigenartige Käuze hat es aber, wie es scheint, von je in Feuerbach gegeben. So muss jener Herr von Frauenberg, der seine Burg über dem Tale bei Feuerbach stehen hatte und dem ein Teil Feuerbachs zinspflichtig war, ein höchst merkwürdiger Herr gewesen sein. Er plagte seine Untertanen mit Zehnten, Frondiensten und Lasten, sodaß viele aus dem Frauenbergischen auswanderten, was sehr einfach war: Sie sprangen über den Bach, so waren sie im Württembergischen. Als aber der Frauenberger über diese Land- und Steuerflucht seiner Untertanen und deren Unterstützung durch den Feuerbacher Schultheißen und seine Gemeinderäte beim Femgericht in Westfalen Klage erhob, wurde ein »echter und rechter Freischöffe«, Heinrich Murner, ein Eßlinger Bürger und Färber, zur Schlichtung des Streites nach Feuerbach geschickt.

Mit der Zeit kommt man zu einer friedlichen – und promillereichen – Einigung, die Eugen Geiger gleich in eine stimmungsvolle Ballade gepackt hat:

Der edle Herr von Frauenberg

In seiner Burg ob Feuerbach
Saß einst der Frauenberger.
Er raufte, trank und praßte gern
Und trieb es täglich ärger.

Und weil sein Beutel lottenleer
Von diesem Luderleben,
Warf er die Wandrer ins Verlies
Und ließ sich Lösgeld geben.

Die Feuerbacher wollte er
Mit Zins und Steuern plagen
Und tät, weil sie ihm zahlten nicht,
Den Rat des Orts verklagen.

Drum ward ein Schöffe aufgestellt,
Den bösen Streit zu schlichten.
Und nun gab es im Rathaussaal
Ein Rechten und ein Richten.

Langweilig ist die Schreiberei,
Und Aktenstaub macht dürsten;
Drum hoben Rat und Rittersmann
Samt Richter an zu bürsten

Die Feuerbacher tranken viel,
Der Frauenberg noch weiter.
Und die sich erst noch angegrollt,
Die tranken zu sich heiter.

Mit Schmunzeln sah der Richter da
Geeinigt die Parteien.
»Süß ist der Friede«, sprach er ernst,
»Wollt einen Schluck ihm weihen!

Seite 85: Herbststimmung am Feuerbacher Weg – eine Straße, die schon vor Urzeiten Teil eines Fernhandelsweges war

Dann aber, weil zu richten wir
Sind hier, laßt's Pokulieren,
Damit den schwierigen Prozeß
Wir gut zu Ende führen.«

»Zum Teufel«, schrie der Frauenberg,
Schwang drohend seinen Becher,
»Laßt alles, wie's seit alters war,
Und stört nicht frohe Zecher!«

Er setzte sich und trank und trank,
Und Rat und Richter tranken,
Bis übermannt vom Lembergwein
Sie von den Sitzen sanken.

So hat der Feuerbacher Wein
Verhütet Streit und Lasten.
Drum soll, wer ihn nicht dankbar trinkt,
In Sack und Asche fasten.

Dies alles muss so um 1390 geschehen sein. Allerdings waren die historischen Ereignisse weit weniger heiter, als die Ballade glauben macht. Denn um jene Zeit wurden, wie in dem Gedicht angedeutet, Kölner Kaufleute überfallen und mit einer Lösegeldforderung in dem Turm festgesetzt, den man heute noch in seinen Grundmauern vor sich sieht. Die Württemberger zogen daraufhin gegen die Burg und räucherten sie aus. (Der Autor des vorliegenden Buches, der gebürtig aus Köln stammt, fühlt sich aufgrund dieser Tat dem Haus Württemberg natürlich besonders verbunden.)

Die Ähnlichkeit des Wappens der Frauenberger mit dem des Hauses Baden – ein schräg geteilter Schild, im oberen Teil rot – deutet darauf hin, dass dieses Adelsgeschlecht wohl ursprünglich Lehensträger der badischen Markgrafen war. Das führt nun dazu, dass die Feuerbacher heute als unfreiwillig eingemeindete Stuttgarter ein badisches Wappen »im Schilde führen«.

Feuerbacher Weg

Wir kehren wieder zurück zum *Feuerbacher Weg* und gehen links herum leicht abwärts nach Feuerbach. Hier sollte man vorsichtig gehen, weil die Teerdecke des Weges an vielen Stellen aufgerissen ist.

Hermann Lenz, unser »g'späßiger« Dachstubenpoet, ist diesen Weg jahrzehntelang gelaufen. Kurz bevor er Stuttgart in den 1970er-Jahren wegen Erbstreitigkeiten um das Haus verlassen musste, schrieb er dieses Gedicht:

Die evangelische Mauritiuskirche im alten Dorfkern von Feuerbach stammt in ihrem heutigen Aussehen von 1789.

Weinbergweg

Unter Mauern und Gräsern
Die Mauer mit dem gemeißelten Stein:
Traube und Weinglas als Relief und die Zahl
Siebzehnhundertneunundsiebzig.
Der Weg steil und gepflastert,
wie er immer gewesen ist,
Auch unter Sohlen
Barfüßiger Kinder.

Es kann nicht sein, daß du hier wegmußt.
Doch, du sollst hier verschwinden.

Den gemeißelten Stein mit der Jahreszahl 1779 findet man leider nicht mehr, aber nach wie vor steht hier links und rechts verwittertes Mauerwerk, von Gestrüpp überwachsen.

Unten in Feuerbach biegen wir die erste Straße links in die *Kräherstraße* ab und erreichen dann die *Burgherrenstraße*. Kurz nach der Einmündung der *Kräherstraße* in die *Burgherrenstraße* taucht auf der rechten Seite ein Kindergarten auf. Dort führt ein kleiner Weg zu einer *Holzbrücke,* unter der ein kleiner, künstlich angelegter Ableger des Feuerbachs durch die Grünanlage fließt. Der eigentliche Namensgeber des Ortes verschwindet einige hundert Meter vorher im Untergrund. Der passionierte Spaziergänger Hermann Lenz »malte« hier mit Wörtern und beschrieb in »Der Wanderer« den Feuerbach, der sich von Botnang kommend, bis hierher durch das Tal schlängelt:

Burgherrenstraße

Holzbrücke

10

Nachmittags ging er in das Feuerbacher Tal hinunter, wo der Bach flach und schwarz dahinlief, bis ihn das Licht verwandelte. Jetzt erschien er flüssig weiß und schimmerte unter dem Brücklein. Dahinter hatte eine Wiese Durchbruchstickereien von Grasblättchen, die an Farne erinnerten. Von drüben schaute der Wald und war noch kahl und schwarz.

Er ging über die Wiese und am Wirtshaus vorbei, das hier alleine stand. Hinter ihm begann der Wald. Auf dem Boden hatte dürres Laub einen kupfernen Glanz, und Buchenstämme sahen frisch gewaschen aus mit ihrer grauen Haut. Der Wald öffnete ein weites Tor, und davor lag das Dorf, das jetzt ein Vorort war und von den Hügeln wie von dunklen Fischleibern umgeben war, während über ihm Wolken von Licht durchpflügt wurden.

Zum Abschluss gehen wir von hier an dem Rinnsal entlang rechts durch den *kleinen Park* wieder nach Feuerbach hinein, stoßen auf die *Helmstettstraße* und folgen ihr über *Mühlwasen* und *Dieterlestraße,* bis links die *Bärenstaffel* abzweigt und wir über die *Forsthausstraße* die *Mauritiuskirche* erreichen.

Mauritiuskirche

11

Ludwig Uhland, an den neben anderen die Tafel am Pfarrhaus erinnert, berichtet in seinen Tagebüchern von 1810 bis 1820 sage und schreibe achtzig Mal von Wanderungen nach Feuerbach. Sein Onkel war dort Pfarrer. Ein weiterer »Pilger« ins Feuerbacher Pfarrhaus war Eduard Mörike, der uns ja schon öfters begegnet ist. Mörike besuchte am 10. August 1865 seinen Vetter, den hiesigen Pfarrer Planck, und schrieb darüber im gewohnt humorvollen Stil einen Brief an seine Frau Margarethe:

Nach Tisch mit Clara u. Fanny auf die Eisenbahn nach Feuerbach. Der Pfarrer kam uns, den Arm in einer Schlinge tragend, entgegen: Er fiel bei der Heimkehr von seinem neulichen Stuttgarter Besuch, nach dem Aussteigen aus dem Waggon über eine Schiene und verwundete sich nicht unbe-

Eine Tafel am Pfarrhaus erinnert an den Feuerbacher Pfarrer und Geschichtsforscher Richard Kallee und an Ludwig Uhland, der hier häufig bei seinem Onkel zu Besuch war.

deutend. Er war etwas stiller als sonst. Die Payerin [Pfarrer Plancks Schwester] meint, er habe es gar nicht gern gehört, daß seine Bauern sagten: Jetzt wird doch der Herr Pfarrer selber merken, daß er anfangen alt ist. Indessen rauchte er gemütlich eine Cigarre mit mir u. ich setzte (weil wir sehr erhitzt ins kühle Zimmer kamen) eins von seinen schwarzen Hauskäppchen auf. [...] Frau Payerin [...] begleitete uns mit langsamen Schrittchen ein Stück den Berg hinauf, denn der Heimweg wurde beim schönsten Abend, zu Fuß gemacht, was mir sehr gut tat.

Damals war Mörike schon 61 Jahre alt. Sie können es ihm gleichtun und wie er zurücklaufen oder bequemer die öffentlichen Verkehrsmittel ab *Wilhelm-Geiger-Platz* benutzen. Diese

Stadtbahnhaltestelle erreichen wir über *Haffnerstraße* und *Rudolf-Gehring-Platz* (Kelterplatz), biegen links in die *Klagenfurter Straße* ein, gehen dann ein ganzes Stück geradeaus, bis wir die *Wiener Straße* erreichen, wo wir schließlich rechts abbiegen, um kurz danach den *Wilhelm-Geiger-Platz* am Feuerbacher Rathaus zu erreichen.

Stadtbahnhaltestelle »Wilhelm-Geiger-Platz«

X

Letterle
Rot
Dürrbach
Dürrbach
Frauenkopf
Frauen-kopf
Weißtannen-wald
Hoher Bopser
Fernsehturm
Mittlere Kirchheimer
Jahnstr.
Filderblickweg
Frauenkopfstr.
Rohracker
Falsche Klinge
Tiefenbach
Tiefenbach-
Ontariostr.
Weinklinge
Silberwald
Bußbach
Filderauffahrt
SILLENBUCH
Buowaldstr.
Fridinger Str.
In der Werre
Trossinger Str.
Corneliusstr.
Silberwaldstr.
Spital-wald
Filderstr.
Gänsheidestr.
Wernhaldenstr.
Bruno-Frank-Str.
Gustav-Barth-Str.
Bildäcker
Mannspergerstr.
462
444
416
387
482
477
406
0
500m
1 : 22 500

Sagen, Künstler, Kommunisten

Tour 4

Durch Rohracker und Frauenkopf

Von des Turms gewaltger Höhe
wo ich wohlbehalten stehe,
ich nun meinen Richtspruch sag.

Und er soll per Radiowellen
als der Gruß der Baugesellen
überall zu hören sein ...

Obenauf ragt die Antenne,
dass man weit und breit erkenne,
welchem Zweck das Ganze dien'.

Warum wurde der Stuttgarter Fernsehturm mit diesen Zeilen so schön bedichtet? Und was treibt ein einarmiger Wiener Privatdetektiv auf dem Wahrzeichen der Stadt? Welche frevelhafte Mordtat geschah in der sagenumwobenen Falschen Klinge? Wo schob der kommunistische Dramatiker Friedrich Wolf die Schubkarre? Und wo dichtete und malte ein Künstler, während er seine Lieblingsspeise, Kohlrabi in Olivenöl, zu sich nahm? Diese und weitere Fragen beantwortet der folgende Spaziergang, der uns von der Haltestelle »Ruhbank/Fernsehturm« durch ein wildromantisches Bachtälchen auf Waldwegen und an Weinbergen vorbei nach Rohracker und zur Siedlung Frauenkopf führt.

Wer vor der Wanderung noch einen Überblick über Stuttgart gewinnen möchte, dem sei der Abstecher auf den Stuttgarter Fernsehturm empfohlen. Ansonsten kann man sich die folgenden Texte zum Fernsehturm aber auch getrost an der *Haltestelle »Ruhbank/Fernsehturm«* zu Gemüte führen. Der »Schornstein mit Häusle«, so sein Erbauer, der Ingenieur Fritz Leonhardt, war in seinem Eröffnungsjahr 1955 weltweit der erste Fernsehturm mit Stahlbetonmast und gilt als das Wahrzeichen der Landeshauptstadt.

Haltestelle »Ruhbank/Fernsehturm«

X

1

Beim Richtfest im April 1955 wurden jedem Geladenen Verzehrkarten für ein Ripple, vier Flaschen Bier und drei Viertele Wein ausgehändigt. Dafür durfte sich jeder Anwesende den

Richtspruch eines Mitarbeiters der Baufirma anhören, wie so oft sehr lang und mit unerbittlichem Reimzwang. Einen kleinen Auszug daraus haben Sie schon als Eingangstext zu diesem Kapitel lesen »dürfen«.

Aber nicht nur zum Andichten eignet sich der Fernsehturm hervorragend, sondern ebenso – auf Neudeutsch ausgedrückt – als »location« für einen skurrilen Krimi. In seinem Roman »Ein sturer Hund« von 2003 bricht Heinrich Steinfest in Lobeshymnen über den Stuttgarter Fernsehturm aus, wenn auch keine gereimten. So äußert sich eine der Hauptfiguren des Romans, der Wiener Privatdetektiv Cheng:

Es muss gesagt werden, daß selbst Cheng [...] den Turm als den schönsten seiner Art empfand.

Und warum? Der Turm atmet! Denn:

Die Höhe des Turms [...] wurde einmal mit zweihundertelf, dann wieder mit zweihundertsiebzehn Metern angegeben, gerade so, als atme dieser Turm ein und aus.

Und weiter:

Doch daß man hier eigentlich einer griechischen Säule ansichtig wurde, war zwar in diversen Architekturführern vermerkt, blieb aber im Allgemeinen unbeachtet.

Nicht genug zu preisen ist auch der Turmkorb,

dessen Außenhaut im Licht des Tages und erst recht im Schein der Sonne einen silbrigen Glanz besaß und nicht umsonst einer Raumsonde ähnlich sah. Dieser Korb war nichts anderes als der feststehende Trabant des Planeten Stuttgart.

Doch nun zum Verbrechen, das auf dem Fernsehturm passiert. Da will eine verrückt gewordene Serienmörderin zu

Hinfahrt	Stadtbahn U15 und U7, Haltestelle »Ruhbank/Fernsehturm«.
Rückfahrt	Stadtbahn U15, Haltestelle »Stelle«.
Länge	8 Kilometer.
Dauer	3 ½ Stunden.
Besichtigung	**Fernsehturm Stuttgart,** Jahnstraße 120. Täglich ab 9 Uhr geöffnet, letzte Auffahrt 22.30 Uhr. Informationen unter Telefon (07 11) 23 25 97.
Einkehrmöglichkeiten	**Gaststätte »Waldhorn«,** Rohrackerstraße 283. Telefon (07 11) 42 39 87. **Bioland-Restaurant »Cassiopeia«,** Waldebene Ost 20. Telefon (07 11) 24 01 34.

Der »Schornstein mit Häusle« war in seinem Eröffnungsjahr 1955 weltweit der erste Fernsehturm mit Stahlbetonmast. Das Bild zeigt die letzte Bauphase.

ihrer letzten Tat schreiten. Kommissar Rosenblüth soll ermordet werden, und zwar kurz vor seinem Interview mit einer bekannten Fernsehmoderatorin im Turmkorb des Fernsehturms. Moira Balcon, die verrückte Mörderin, hat sich als Visagistin getarnt und nähert sich ihm mit einem Skalpell. Sie will ihm die Kehle durchschneiden! Das Attentat wird vereitelt, doch plötzlich wollen Secret Service und Bundesnachrichtendienst Moira Balcon entführen. Der ebenfalls anwesende Privatdetektiv Cheng flüchtet mit ihr durch das Treppenhaus nach unten. Auf halbem Wege stellt Cheng fest, dass in der Betonwand alte ausgeschlachtete Radiogeräte einbetoniert wurden, die von

Heinrich Steinfest schildert in seinem Roman »Ein sturer Hund« einen grotesken Mordversuch auf dem Fernsehturm.

hunderten von Spatzen bewohnt sind! Warum denn das? Unten in der Eingangshalle wird Cheng als vermeintlicher Serientäter von vermummten Polizisten unsanft in Empfang genommen, während die wahre Mörderin eher fürsorglich umklammert wird.

Wer hat denn hier eigentlich die Köpfe abgeschnitten?

Eine berechtigte Frage. Doch der Irrtum klärt sich auf und Cheng wird von der Polizei ausdrücklich für seinen Einsatz gelobt.

Voller andächtiger Bewunderung für das kosmische und antik-klassische Bauwerk können wir nun den Weg in die »Unterwelt« antreten und ins fast 200 Meter tiefer gelegene Rohracker wandern. Dazu überqueren wir gegenüber der *Haltestelle »Ruhbank/Fernsehturm«* die am Wald entlang nach Sillenbuch

Kirchheimer Straße

führende *Kirchheimer Straße* an der Fußgängerampel und gehen geradeaus auf dem *Waldweg* in den Wald. Bei der nächsten *Wegekreuzung* geht es weiter geradeaus abwärts. Der *Pfad* ist hier etwas unwegsam. Wir überqueren wiederum den nächsten *querenden Pfad,* bis wir das asphaltierte *Buowaldsträßchen*

Falsche Klinge

2

erreichen. Dieses gehen wir etwa 50 Meter nach links entlang, bis wir auf der rechten Seite in einer Rechtskurve den Anfang der *Falschen Klinge* erreichen. Der kleine Tiefenbach, der hier oben ein Rinnsal bildet, hat die Klinge in Jahrtausenden fleißig ausgewaschen. Sie führt uns später abwärts nach Rohracker.

Hier nun ist nicht Andacht gefragt, sondern Lust an Spuk- und Schauergeschichten. Kam man früher mit Menschen aus Rohracker ins Gespräch, so war man rasch bei Raubrittern, Mördern und Hingerichteten, die als verscharrte Übeltäter nicht zur Ruhe fanden, sondern des Nachts in der Klinge umhergeisterten und unbescholtene Dorfbewohner verschreckten. Tatsächlich wurden im 16. Jahrhundert die Delinquenten, die auf der Gänsheide am Galgen baumelten, in der Falschen Klinge begraben. Auch Selbstmörder und »Unehrenhafte«, die nicht zum Bürgertum zählten, fanden hier ihre letzte Ruhestätte. Und ergoss sich dann ein Wolkenbruch in der Klinge, kam womöglich ein grausiger Schädel oder der Teil eines Skeletts zum Vorschein.

Zwei Sagen gehen in allen Einzelheiten auf diesen unwegsamen und unheimlichen Ort ein, zu finden im ersten der drei dicken Bände »Württemberg wie es war und ist«, herausgegeben von Carl Weitbrecht im Jahr 1898. Eine Sage, die wir uns hier oben erzählen lassen wollen, heißt »Die falsche Klinge auf dem Bopser bei Stuttgart«. Sie erzählt von dem ruchlosen Sebastian von Neuhausen, der seinen Weggefährten Arnim von Neufels auf der Rückkehr von einem Zechfest in Straßburg auf dem Bopser von hinten mit einer Lanze durchbohrte. Der Herr von Neuhausen hatte noch Spielschulden bei seinem Reisegefährten. Durch den Mord wollte er sich auf bequeme Art von den Schulden befreien und um das Bargeld des Reisegefährten bereichern. Die Leiche von Arnim von Neufels verscharrte er in der Falschen Klinge, doch der Mord wurde entdeckt und Sebastian muss sich vor Graf Eberhard im Bart verantworten. Er sollte genau an dem Ort mit dem Schwerte hingerichtet werden, wo der den armen Arnim ermordet hatte. Doch Sebastians Bruder Wolf erwirkte im letzten Augenblick vor Graf Eberhard eine Begnadigung unter der Bedingung, dass Sebastian eine Pilgerreise nach Rhodos auf sich nimmt, dem Johanniterorden beitritt und zum Schutze der Pilger in Jerusalem gegen die Ungläubigen kämpft. Die Hinrichtung steht kurz bevor und Sebastians Bruder muss eiligst in die Falsche Klinge laufen und die rettende Nachricht bringen. Da es damals bekanntermaßen noch keinen Mobilfunk gab, musste sich Wolf von Neuhausen anderer Kommunikationstricks bedienen:

Eiligst sprang Wolf seinem Bruder nach, um seine Begnadigung ihm anzuzeigen. Weil er aber ein sehr »masthafter Mann« war, so wollte es garnicht schnell den Berg hinauf-

Der Eingang zur falschen Klinge. Früher ängstigten sich die Menschen hier vor Raubrittern, Mördern und Hingerichteten, die nachts in der Klinge umhergeisterten.

gehen, er flehete daher jeden an, der an ihm vorüber eilte, ihm die Hand zu reichen und ihm fortzuhelfen, auch schrie er jedem Gnade für seinen Bruder zu. So kam die Kunde früher dem Nachrichter zu Ohren, als der Bote ihm zu Gesicht. Da sagte der Mann des Schwerts: »Nach meiner Pflicht darf ich nicht länger säumen mit der Blutsühne, als die Dauer eines Ave-Maria-Gebets, willst Du aber Dein Grab selbst schaufeln, so will ich Dir auch noch so lange Zeit fristen zu diesem Mühwerk.« Da wühlte sich der von Neuhausen sein Grab willig und eilfertig [...]. Schon schwang der Nachrichter das Schwert, als keuchend der Gnadenbote erschien.

Die zahllosen Abenteuer des Sebastian von Neuhausen im Orient erspare ich Ihnen. Es sei nur erwähnt, dass er unter anderem achtzehn Jahre in Konstantinopel als Sklave schmachtete. Damals waren ausschweifende Erlebnisse und Fährnisse im Orient bei den Bürgern der Gründerzeit beliebt, wir heutigen

Weltbürger kennen genügend Abenteuer im vorderen und mittleren Osten aus der Tagespolitik, bleiben im Ländle und wandern weiter in Richtung Rohracker.

Wir gehen nun vorsichtig durch die *Falsche Klinge* hinunter. Viele geologische Aufschlüsse in der Klinge verraten interessante Details über die Bodenschichten, durch die der Tiefenbach nach Rohracker fließt.

Nach etwa 300 Metern, kurz bevor sich der Wald lichtet und die Klinge sich verbreitert und flacher wird, kommen wir zu einer kleinen *Quellfassung*. Dies ist nun der passende Ort für die zweite Sage. Hier brachte die Falsche Klinge schon vor über eintausend Jahren Verderben und Unheil, berichtet uns die Sage »Der Stutengarten, der Blutturm und die falsche Klinge«. Zu jener Zeit war Stuttgart noch ein Pferdegehege, also der »Stutengarten«, wie er sich im Namen der Stadt erhalten hat. Damals entbrannte zwischen Kaiser Otto I. und seinem eigenen Sohn Luitolf, dem Herzog von Schwaben, ein bitterer Machtkampf:

Quellfassung

3

Raub, Mord und Brand verwüsteten Schwabens schöne Gaue, und nur wenige Gegenden blieben in denselben von der schrecklichen Geißel des Krieges verschont.

Mit Kaiser Otto I. war Herzog Heinrich von Bayern verbündet. Dessen Heer rückte nun drohend gen Cannstatt und in Richtung des Stutengartens vor, wo sich die munteren Rosse im Wiesental tummeln.

»Es wäre freilich schlimm, wenn die schönen Rosse den Feinden in die Hände fielen [...].«

So sprach Kuno, der edle Vogt und Aufseher der Pferdehüter, der seinen Sitz in einem Turm mit dicken Mauern hatte. Was tun?

»Schon schwang der Nachrichter das Schwert, als keuchend der Gnadenbote erschien ...« Die Zeichnung von A. Federer aus dem Buch »Württemberg wie es war und ist« aus dem Jahr 1898 zeigt Sebastian von Neuhausen, der in der Falschen Klinge hingerichtet werden sollte.

Auch Behörden entwickeln zuweilen dichterische Fähigkeiten, wie hier am Tiefenbachweiher eindrücklich nachzulesen ist.

»Da weiß ich Rat«, versetzte einer der Knechte. »Vor einigen Tagen habe ich drüben im Walde eine Schlucht entdeckt, die ziemlich steile Seitenwände hat, mit Gras und gesunden Kräutern bewachsen, und von einem klaren Bächlein durchflossen ist, tief versteckt im Gehänge des Waldes. Dort könnten wir – meine ich – unsere Pferde sicher unterbringen [...].«

Man ahnt es schon: Es handelt sich tatsächlich um die Falsche Klinge zwischen Hohem Bopser und Rohracker. Als nun die Bayern unter Herzog Heinrich näher kamen und man von einer Bergeskuppe schon die Spur der Kriegsverwüstungen und den Widerschein der brennenden Dörfer sehen konnte, wurden die Pferde schnell in die kaum zugängliche Klinge gebracht. Doch was geschah? Nicht nur die wilden Bayern waren im Anzug, sondern auch ein fürchterliches Gewitter!

[...] der Donner rollte, die Menschen schrien, die Pferde wieherten, und Kuno kniete allein betend in seinem Blockhaus, denn er fühlte, daß seine letzte Stunde nahte.

Gewaltige Ströme stürzten durch die Klinge, Felsbrocken wurden von den Wassermassen mitgerissen und der größte Teil der Pferde und der Menschen kam in den Fluten um.

Karl Pfaff, der Esslinger Geschichtsschreiber, beschließt die Sage mit den Worten:

So fanden die Bewohner des Wiesenthales da, wo sie Rettung gehofft hatten, den Tod und seitdem führt die trügerische Schlucht den Namen der »Falschen Klinge«, und noch heute erfüllt die graue düstere Tiefe, an deren Sandsteinwänden der Zahn der Zeit genagt und die sich mit wildem Baumwuchs in Dämmerung gekleidet hat, den Wanderer mit jenem leisen Schauer, welcher allen Spuren der Zerstörung durch großartig-schreckliche Naturereignisse anhaftet.

Die wahre Herkunft des Namens ist freilich nüchterner: Vermutlich gab es hier an den Markungsgrenzen von Stuttgart, Rohracker und Sillenbuch eine betrügerische Marksteinversetzung. Von dem »Falschen Stein« ging dann die Bedeutung auf die ganze Klinge über.

Weiter den Weg entlang erreichen wir ein *Wassertretbecken* und den *Tiefenbachweiher*.

Tiefenbachweiher

Vom Weg, der hinter dem Weiher über einen *Staudamm* führt, sieht man den »Trabanten des Planeten Stuttgart«, wie Heinrich Steinfest den Stuttgarter Fernsehturm nannte, weit entfernt über uns prangen. Wir lassen jedoch den *Weiher* rechts liegen und gehen weiter auf unserem ursprunglichen Weg sanft ins Tal hinunter.

Weiter geht es sanft ins Tal hinunter. Der Wald führt bald durch ehemalige Weinberge, die heute *Schrebergärten* sind. Hier erhebt sich links den Hang hinauf das *Gewann Burghalde* und gemahnt uns wieder an die Zeit der alten Rittersleut. Man weiß sehr wenig über die Burg. Es gibt keine Abbildungen und von ihrem Gemäuer ist nichts mehr übrig. Dass die Herren von Rohreck Raubritter waren und die Leichname ihrer Opfer in die Falsche Klinge geworfen haben, regt zwar die Phantasie an, ist aber nicht verbürgt.

Gewann Burghalde

4

Trotzdem hat Gotthilf Bodenhöfer, der als Kind in den 1920er-Jahren in Rohracker in die Schule ging, es sich nicht nehmen lassen, in sagenhaften Geschichten insbesondere für Kinder von jener Burg und der Entstehung des Weilers Rohracker zu erzählen.

In dem Büchlein »Burg Rohreck, Mönch Fridolin und der Eselweg« wimmelt es von wilden Landsknechten, die in der Burgruine hausen und vorbeikommende Handelsleute überfallen. Wenn diese wilden Buben es gar zu arg treiben mit ihren Räubereien, helfen in den Geschichten die Elfen aus dem Silberwald auf der Höhe von Sillenbuch aus und verwandeln die Missetäter in Ungeziefer und Krebse. Mönch Fridolin, der durch Kriegswirren selbst zum kämpfenden und raubenden Landsknecht geworden war, kann, so heißt es im Buch, seine Bande aber überzeugen, doch wieder anständig zu werden, sich brav in Rohracker anzusiedeln und das wilde Tal zu roden und

Weinberge als poetische Inspirationsquelle: In den Lagen Dürrbach, Engenberg, Lenzenberg und Burghalde reifen auf einer Rebfläche von acht Hektar die Trauben der Rohracker Weingärtnergenossenschaft.

fruchtbar zu machen. Stammen die meisten Bewohner Rohrackers also von reumütigen Räubern ab? Wir spekulieren lieber nicht.

Dagegen weiß die Autorin Sudabeh Mohafez von einer Begebenheit aus Rohracker, die eher von Gastfreundschaft als der unziemlichen Herkunft der Rohracker Bürger zeugt. Ihre Geschichte findet sich auf dem Webportal »www.eukapi.twoday.net«. Da spaziert ein »Wagabund« mit einem Kamel in Rohracker herum:

wagabund, mein name. mit w wie wilfried (für lars)

der wagabund und sein kamel streifen durch die weinberge in richtung rohracker. das heißt: sie streifen abwärts, denn sie kommen oben vom fernsehturm. es sind etwa sechsundzwanzig grad, die sonne scheint: frühlingssonne. das wasser ist ihnen ausgegangen. kein großes problem für das kamel, das beim wiederkäuen leise, schmatzende geräusche macht. für den wagabunden schon eher. plötzlich ist der weg asphaltiert. das kamel rümpft die nase. frau scheuerle steht am zaun ihres gartens. sie betrachtet die beiden, die genau da stehengeblieben sind, wo der sandweg aufhört. der wagabund schiebt das basecap aus der stirn. frau scheuerle sagt: kann ich ihnen ein glas wasser anbieten? das kamel schnaubt. der wagabund lächelt. frau scheuerle ist eine intuitive person. und sie hat seit jeher eine schwäche für wagabunden.

Vielleicht treffen Sie Frau Scheuerle und bekommen ein Glas Wasser spendiert? Sudabeh Mohafez ist 1963 in Teheran im Iran geboren und lebte ab 1979 in Berlin, bis sie im Jahr 2007 den Havel- mit dem Neckarstrand tauschte und nach Stuttgart zog. Sie erhielt 2006 den Adelbert-von-Chamisso-Förderpreis und war 2007 Stipendiatin im Schriftstellerhaus Stuttgart.

Kurz bevor die ersten *Häuser von Rohracker* zu sehen sind, gabelt sich der Weg. Rechts geht es zur Tiefenbachstraße und zu einer Bushaltestelle, wir gehen jedoch *links zwischen einer Wiese und den am Hang liegenden Schrebergärten* weiter. Rechts kommt dann ein *Spielplatz* und ein *Kindergarten*, wir bleiben jedoch weiter auf dem Weg, der weiter bis hinter die *Tiefenbachschule* führt. Nun schließt sich im folgenden *kleinen Wäldchen* ein kleiner Weg an, der schräg links hinaufführt und schließlich zwischen Schule und den Häusergärten in einer *Staffel* endet, die wir links zur *Rohrackerstraße* hinaufgehen. Nun sind wir wie die raubenden Landsknechte in den Ort hineingeschlichen, wir wagen uns wieder aus der Deckung und gehen weiter nach rechts die Rohrackerstraße entlang in den Ort hinein, bis wir den *Eselweg* erreichen. Zum Namen dieses Weges behauptet Gotthilf Bodenhöfer in einer Geschichte aus dem bereits erwähnten Buch, dass die Hingerichteten mit Eseln in die Falsche Klinge gebracht wurden:

Tiefenbachschule

Eselweg

5

Diese Hingerichteten durften nicht auf einem Friedhof beerdigt werden, wo unbescholtene Bürger ihr Grab hatten. [...] Die Toten durften auch nicht auf Pferden transportiert werden. Sie wurden in die Haut einer Kuh eingenäht und dann auf einem Esel durch den Wald des Frauenkopfes auf dem steilen Eselweg in das Tal und in die Falsche Klinge gebracht.

Dann doch lieber mit einem schmatzenden Kamel durch Rohracker laufen.

Im vorliegenden Buch ist gegen Ende der Sillenbuch-Tour die Rede von Martin Walsers Roman »Brandung« über den Stuttgarter Gymnasiallehrer Helmut Halm. Als dieser am Ende des Romans nach der Rückkehr von Kalifornien deprimiert in seinem Haus am Sillenbucher Nordhang sitzt, kniet er vor seinem todkranken Hund Otto nieder, um ihn zu einem »Mobili-

Links: Cecilie Herzogin zu Mecklenburg-Schwerin fand Eingang in Martin Walsers Roman »Brandung«. Rechts: Hat Friedrich Schiller wirklich in Rohracker Teile seines Dramas »Die Räuber« geschrieben? Gemälde Schillers von Anton Graf, 1786

tätstraining« zu überreden. Walser liefert in diesem Stoßgebet an den Hund Otto gleich eine Kurzfassung der Geschichte der Gemeinden Rohracker und Frauenkopf im 20. Jahrhundert:

Otto, hör zu, Sabine meint, wir sollten in den Garten. Oder willst du lieber hinauf in den Wald, unsere Strecke, Otto?! Oder den Eselsweg hinab nach Rohracker, zu den frommen Kommunisten? Sag, was du willst, Otto! Dir folg' ich am liebsten. Vielleicht Richtung Frauenkopf? Ist irgendwo wieder ein Hohenzollernsprößling eingezogen, den du mir zeigen willst? Oder willst du nebenan einen Baulöwen beißen? Komm, schön, sag's mir!

Die hier erwähnten frommen Kommunisten waren die Söhne der streng pietistischen Bewohner von Rohracker Anfang des 20. Jahrhunderts. Sie waren in der Kommunistischen Partei, blieben aber gleichzeitig Kirchenmitglieder wie ihre Eltern. Und der Hohenzollernsprössling war, nicht ganz korrekt, Kronprinzessin Cecilie, die Schwiegertochter des letzten deutschen Kaisers Wilhelm II. Sie war eine geborene Herzogin zu Mecklenburg-Schwerin und lebte drei Jahre in der Frauenkopfsiedlung in der Frauenkopfstraße 12.

Rohracker-
straße 283

6

Wir laufen die *Rohrackerstraße* weiter in den Ort hinein, bis wir zum Gasthaus »Waldhorn« in der *Rohrackerstraße 283* kommen. Der über zweihundert Jahre alte Gasthof »Waldhorn« war schon immer eine beliebte Ausflugsadresse. Falls Sie hier einkehren wollen, empfiehlt sich zum literarisch inspirierten Genuss der schwäbischen und griechischen Köstlichkeiten der hübsche Schillererker. Hier soll Schiller angeblich Teile seines Dramas »Die Räuber« geschrieben haben. Und der Sturm-und-Drang-Dichter habe sich überdies auch im Eichentisch des Schiller-Erkers verewigt. Zu guter Letzt soll er sogar verkündet haben: »In einem Seitentale des Neckars liegt die Perle Süddeutschlands, Rohracker.« Dies alles gehört leider ins Reich der Legenden.

Dagegen ist es eine historische Tatsache, dass Eduard Mörike mit seiner Frau Margarethe und der Tochter Marie im Juni 1861 hier einkehrte. Davon zeugt ein Brief von Mörikes Frau an dessen Schwester Klara. Mörikes Briefe und die wenigen erhaltenen Briefe seiner Frau berichten im Grunde von Besuchen und Aufenthalten in fast jedem Ort um Stuttgart herum, so dass es beinah ein Wunder wäre, wenn sie nicht auch hier

Der Gasthof »Waldhorn« war schon im 19. Jahrhundert begehrtes Ausflugsziel. Die historische Fotografie zeigt das Lokal Anfang des 20. Jahrhunderts.

Der Arzt, Schriftsteller und Kommunist Friedrich Wolf arbeitete drei Jahre mit der Theaterabteilung des Turnerbundes Rohracker.

gewesen wären. So aber schwärmt Margarethe Mörike von dem angenehmen Aufenthalt im Erker des Gasthofes »Waldhorn«:

Wir saßen in einem freundlichen Erker und schauten uns lange um; man hat dort wie fast von jedem Haus eine herrliche Aussicht ins Grüne.

Hinter dem Gasthof unter dem Schillererker führt eine *namenlose Staffel* entlang, auf der wir unseren Spaziergang fortsetzen. Rechts tauchen die hohen, lang gestreckten Gebäude der 1979 geschlossenen Nudelfabrik Funck auf, die in Wohnungen umgebaut wurden. Wir gehen dann links in die *Tiefenbachstraße,* vorbei am Bürgerhaus Rohracker und einem riesigen Baum, dann wieder rechts herum im spitzen Winkel in die *Sillenbucher Straße* und gleich wiederum links in die kleine Straße *Im Bußbachtal.*

Im Bußbachtal 3

7

An deren Ende stehen wir vor den Tennisplätzen und dem Clubhaus des SKV Rohracker, *Im Bußbachtal 3*. Hier, in der vor einigen Jahrzehnten abgerissenen Turnhalle des ehemaligen Turnerbunds Rohracker, hat sich während der Weimarer Republik – man glaubt es kaum – ein Stück deutsche Theatergeschichte abgespielt. Ein Kapitel des Buches »Alltag macht Geschichte«, herausgegeben von Hermann G. Abmayr und Ulrich Weitz, widmet sich diesem Seitenweg der deutschen Literaturgeschichte, nämlich der Uraufführung des Dramas »Bauer Baetz« von Friedrich Wolf. 1932 wurde es an dieser Stelle erstmals aufgeführt.

Friedrich Wolf, der jüdische Arzt, Kommunist, Schriftsteller und Dramatiker, war eine der umtriebigsten Personen im Kulturleben der Weimarer Republik. Geboren 1888 in Neuwied am Rhein, lebte Wolf seit 1921 als Landarzt in Hechingen, 1927 zog er nach Stuttgart. Sein bekanntestes und umstrittenstes Stück war »Cyankali«, das den Abtreibungsparagraphen 218 in Frage stellte. Die Rohracker Theaterabteilung des Turnerbunds hatte 1930 zunächst dieses Stück von Wolf aufgeführt. Damit begann eine dreijährige Zusammenarbeit mit dem in der linken Szene bewunderten – und überdies ausgesprochen gut aussehenden – Arzt und Schriftsteller.

Wolf kam zu den Proben nach »Klein-Moskau«, wie er das »rote Rohracker« gerne nannte. Seitdem die Bewohner Rohrackers zum Arbeiten in die Industrie gingen, hatte sich das vormals pietistische Dorf in ein »Kommunistennest« verwandelt, anstatt der Bibel las die junge Generation lieber den kritischen Religionsphilosophen Ludwig Feuerbach. Wolf werkelte mit bei Arbeiten auf dem Sportgelände und schob auch mal die Schubkarre. Nur für schwarze Wurst mit Essig und Öl war der überzeugte Vegetarier nicht zu haben.

Die Aufführung von »Cyankali« wurde ein großer Erfolg. Es ist anzunehmen, dass auch Stuttgarter nach Rohracker kamen, denn am Staatstheater Stuttgart war das Stück verboten. Die Theaterabteilung trat bald auch außerhalb Rohrackers auf. Und schließlich gelang den Mitgliedern der Theaterabteilung der Clou, der Furore machte: Wolf willigte ein, dass die Rohracker Laientruppe sein Bauerndrama »Bauer Baetz« uraufführt. Das Stück handelt von der wahren Geschichte eines badischen Kleinbauern, der einen Gerichtsvollzieher erschießt, weil dieser seinen Hof pfändet. Wolf soll seiner Theater-Truppe aus Rohracker in Gedanken so nah gewesen sein, dass er aus Moskau von den Revolutionsfeiern eine Postkarte ins Tiefenbachtal schickte.

Rohracker schrieb Theatergeschichte: In der Turnhalle des Turnerbundes wurde 1932 das Stück »Bauer Baetz« von Friedrich Wolf uraufgeführt. Die Halle wurde in den 1970er-Jahren abgerissen.

Als die Uraufführung im Dezember 1932 naht, erhält Friedrich Wolf vom Bürgermeister von Rohracker das Verbot, zu diesem Anlass politische Reden zu halten. Die Aufführung eröffnet Wolf deshalb mit den Worten: »Seht, ich darf nicht reden, doch der Vorhang wird aufgehen – das Stück spricht.« Wieder wird die Aufführung ein Erfolg und die Theatergruppe geht auf Tournee im näheren Umkreis. Wolf verspricht den Rohrackern sogar einen Gastauftritt 1933 bei der Arbeiterolympiade in Moskau. Doch nach der Machtergreifung Hitlers wird das Stück sofort verboten, Friedrich Wolf verlässt Deutschland und der Turnerbund und die Theaterabteilung werden aufgelöst. Damit ist die »revolutionäre« Theatergeschichte Rohrackers beendet. Wolf wird nach dem Zweiten Weltkrieg Botschafter der DDR in Polen. Er stirbt 1953 bei Berlin.

Wir machen uns nun auf den Weg nach Frauenkopf. Steht man in Blickrichtung zum Vereinsheim, führt nach links ein schmaler *Fußgängerweg*. Danach gehen wir über eine *kleine Brücke* über den Bußbach, der Weg führt ein kleines Stück parallel am Bach entlang und über ein *zweites Brücklein* wieder links. Dann geht es rechts ein Stück die *Sillenbucher Straße* entlang und zwischen der *Kelter* und der Bushaltestelle nach links. Wir stoßen wieder auf die *Rohrackerstraße,* der wir entlang der Bernhardskirche bis zum *Haus Nr. 262* folgen. Hinter dem Haus führt steil eine *Staffel* hinauf. Wir kreuzen einen Feldweg *(Edenbergstraße)* und gehen weiter die Staffel hinauf. Langsam werden wir mit einer schönen Aussicht belohnt, die vom Neckartal über Hedelfingen, Rohracker und die unteren Ausläufer von Sillenbuch reicht.

Edenbergstraße

8

Das ist der richtige Ort, um das Rohracker Heimatlied kennen zu lernen:

Rohracker Heimatlied

Bei Stuttgart, der berühmten Stadt,
im Württemberger Land,
liegt Rohracker an einem Strom,
der Tiefenbach genannt;
er fließt durch's langgestreckte Tal,
nimmt noch in aller Ruh
den Dürrbach auf und wälzt sich dann
dem nahen Neckar zu.

Wie herrlich grüßen waldumkränzt
Burghalde, Schöner Weg,
das Böpserle, der Edenberg,
des Bußbachs Pfad und Steg;
im Norden ragt der Frauenkopf,
im Süden Sillenbuch,
um alles aber webt Natur
ihr wunderbares Tuch.

Das gleißt und glänzt, wohin du schaust,
von Farben ringsumher,
im Frühling ist das ganze Tal
ein weißes Blumenmeer;
An Hängen duften edler Wein,
der Beeren süße Frucht,
vom Bernhardsturm dröhnt es hinaus,
zu Berg und Tal und Schlucht.

Speidelweg

Weiter geht es hinauf nach Frauenkopf oder ins »Kalifornien Deutschlands«, wie es die Amerikaner nach dem Zweiten Weltkrieg nannten, als sie als Besatzungsmacht in die beschlagnahmten Häuser dort einzogen. Die Staffel endet auf dem *Speidelweg,* der recht abenteuerlichen Verbindungsstraße von Rohracker nach Frauenkopf. Schräg rechts, dort, wo das Straßenschild hängt, führt ein *geteerter Weg* hinauf, dem wir nun folgen. Dem *zweiten geteerten Weg* links folgen wir etwa fünfhundert Meter den Hang entlang. Schließlich tauchen jenseits des Seitentals die ersten Häuser Frauenkopfs auf.

An der *T-Kreuzung* gehen wir nach rechts, rund 150 Meter. Kurz bevor wir auf die Sportplätze des Sportvereins stoßen, geht es links in die Siedlung hinein.

Rosengartenstraße 2b

9

Wir gehen in die *Rosengartenstraße,* die links einmündet. In der *Rosengartenstraße 2b* auf der rechten Straßenseite wohnte ein Journalist und Tierfreund, der uns ein abendliches Erlebnis erzählt:

Es ist schon ein paar Jahre her, da ging ich eines Abends mit meinem Hund in den Gärten oberhalb von Rohracker am Stadtrand von Stuttgart spazieren. Es war Anfang September; die Trauben hingen noch an den Weinstöcken. [...] Als ich den Hund in einiger Entfernung kurz aufjaulen hörte, wußte ich, das er diesmal weder einen alten Schuh noch eine halbverweste Krähe daherbringen würde. Und was er mir dann alsbald vor die Füße legte, war denn auch, wie ich vermutet hatte, ein stachelstarrender Igel.

Kurzerhand wird der Igel mit nach Hause genommen. Und welche Beschäftigung wäre interessanter als die Vorbereitungen des »Igelschen« Winterschlafes zu beobachten? Sie merken schon, unser Naturfreund pflegt ein ungewöhnliches Hobby, er ist Tierforscher. Sein Name: Horst Stern, geboren 1922 in Stettin, mittlerweile fast schon wieder vergessen. In den 1970er-Jahren wurde seine Tiersendung »Sterns Stunde« zu einer der großen Erfolgssendungen der ARD. Er gehört zu den Mitbegründern des Bundes für Umwelt und Naturschutz (BUND), 1980 wurde er Herausgeber der Zeitschrift »Natur«. Schon ab 1961 machte der damals in der Rosengartenstraße 2B wohnende Journalist Schulfunksendungen, in denen er einem jugendlichen Publikum seine Erlebnisse mit Tieren schilderte. Auf dem Frauenkopf hatte er auch einen Obstgarten gepachtet, wo er die Lebensgewohnheiten von Waldkäuzen, Fröschen und, wie oben erwähnt, von Igeln studierte. Er züchtete Falken und hielt sich eine Vielzahl von

»Das gleißt und glänzt, wohin du schaust, von Farben ringsumher ...« Herbstliche Aussicht vom Edenberg oberhalb von Rohracker Richtung Schwäbische Alb

Haustieren. »Und dann hat mir die Literatur das Leben gerettet«, sagte er 1992.

Von der offiziellen Umweltpolitik zusehends enttäuscht, schrieb er einen Roman, den er 1980 veröffentlichte: »Mann aus Apulien«, über den Stauferkaiser Friedrich II., ein Verkaufserfolg und von der Kritik hoch gelobt. Heute lebt Horst Stern in Passau.

Rosengartenstraße 9

Gegenüber, in der *Rosengartenstraße 9*, baute sich ein ganz besonderer Literat 1958 ein Haus, das er bis zu seinem Tode 1986 bewohnte. Dieser Herr verfasste am liebsten schwäbische und lateinische Verse. Sein(e) Name(n): Er hieß Iosephus Apellus fürs Lateinische, Sebastian Blau fürs Schwäbische und Josef Eberle fürs Verlegerische. Unter dem letztgenannten Namen

Geboren im »schwäbischen Rom«, in Rottenburg am Neckar, später im Besitz eines Hauses im »Kalifornien Deutschlands« auf dem Frauenkopf: Josef Eberle alias Sebastian Blau

wurde er 1901 im »schwäbischen Rom«, in Rottenburg am Neckar, geboren. Eberle war 1945 Mitgründer und von 1954 bis 1971 alleiniger geschäftsführender Herausgeber der Stuttgarter Zeitung. Hier auf dem Frauenkopf konnte er sich von der anstrengenden Arbeit erholen, drunten im Tal im Tagblattturm die Redaktionsmannschaft an der Kandare zu halten. Zahllose Anekdoten existieren über seinen »Regierungsstil«. Sei es, dass es auf Anweisung von Eberle ein Mal pro Woche Kutteln in der Kantine gab, sei es, dass es in der Redaktionssitzung voller Ärger brüllte: »Hend Se des gläsa? So ein Schafscheiß! Ihr machet mr no mei Zeidong he!« Notfalls wurde auch mal die komplette Kulturredaktion entlassen, um sie großmütig am nächsten Tag bei der Redaktionssitzung wieder zu empfangen.

Auf dem Frauenkopf und an seinem zweiten Wohnsitz in Graubünden führte das kinderlose Ehepaar Eberle ein zurückgezogenes Dasein. Else Eberle war bei den Frauenköpflern für eine ausgeprägte Vorliebe zu ihren Königspudeln bekannt. Eberle starb 1986 mit 85 Jahren, drei Jahre später verstarb seine Frau. Im poetischen Werk Eberles hat der Frauenkopf keine Spuren hinterlassen. Aber zumindest Stuttgart und seine

Einwohner wurden des Öfteren bedichtet. Eher unbekannt ist dieses Poem von 1973, das ein Gespräch in Stuttgart am Nebentisch belauscht:

Am Nebetisch eme' Stuageter Café

Daß i Sie mal wieder troffe',
dest mr jetz en arge Freud.
Alles gsund? Mr wollets hoffe' ...
Net? des tuat mr aber leid ...

[...]

Zwei Merenke', Fräulein! – Sole.
Gucket Se mal, dia em' Eck,
dere' sieht mrs ganz Popole –
i trag keine Miniröck ...

Mit em Ding isch arg schnell gange' –
ja, des war e' gute Sääl.
No, d'Pensio' wird ihre' lange' –
Noi', viel mähr, da sind Se fehl ...

Daß mei' Rösle sich verlobt hat –
ja, da gabs e' klei's Malhär:
weil sie's vorher mit ehm probt hat,
paßt re' scho' kei' Röckle mähr ...

[...]

Dämpfet Sie beim saure' Sößle
mit em Mehle d'Zwieble' mit?
Hoffentlich gibt's bei mei'm Rösle
net au noh en Kaiserschnitt ...

Ja, i nimm noh so e' Küchle,
aber nacher muß i geh.
Gel, Sie machet bald e' Bsüchle,
daß mr' schwätze' kann. Adje!

Wir gehen die *Rosengartenstraße* weiter. Nach einiger Zeit beschreibt sie eine Rechtskurve. Rechter Hand sieht man ein ungewöhnliches Haus aus Holz mit schrägen Balkons und Flachdach. Hier wohnte im *Rohreckweg 19* von 1928 bis zu

Rohreckweg 19

10

Im Rohreckweg 19 lebte von 1928 bis zu seinem Tod 1973 der Architekt utopischer Gebäude, der Maler, Designer, Illustrator und Literat Hermann Finsterlin.

seinem Tod 1973 der Architekt utopischer Gebäude, der Maler, Designer, Illustrator und Literat Hermann Finsterlin. Der anthroposophische Architekt Felix Kayser baute für ihn dieses Landhaus, das sich auch heute noch von seiner Umgebung abhebt. Finsterlin stammte aus wirtschaftlich gut situierten Verhältnissen in München. Er kam nach Stuttgart, da die Kinder auf Wunsch der Mutter an der Waldorfschule unterrichtet werden sollten. Seine Berufung war die Welt der Ideen und der Künste. Er hatte Visionen von riesenhaften, bewohnbaren, organischen Architekturen. Sein Werk war aber lange vergessen, bis nach seinem Tod seine Arbeiten in der Staatsgalerie Stuttgart präsentiert und die Qualität seiner Arbeiten wieder entdeckt wurden. Eine weitere Ausstellungsreihe in Schömberg 1999 bis 2001 zeigte einen Werkquerschnitt: seine Spielsachen und Spiele, seine erotischen Zeichnungen, seine Aquarelle und Architekturen. Auch fantasievoll-fantastische und tiefsinnige Lyrik hat er geschrieben, zum Beispiel dieses Gedicht über die Augen schöner Frauen:

Nichts ist gefährlicher auf dieser Welt
Als Frauenaugen die sich in dich brennen,
Du kannst dem wilden Stier entrennen,
Du kannst sogar von deinem Leib dich trennen,
Der deinen Geist gefangen hält.
Vor dem Orkan errettet dich die Höhle,
Das Feuer schützt dich vor des Raubtiers Gier,
Doch schaust du durch ein innig Aug in eine Frauenseele,
Hilft dir kein Gott an dieser Himmelstür.

Finsterlin war »eingefleischter« Vegetarier und Rohköstler. Als er eine Rohracker Wengerterin eine rote Wurst essen sah, soll er gesagt haben: »Wie kann man so etwas Barbarisches essen!« Prompt erhielt er die Antwort : »Wer was schafft, der muss au was Rechtes esse.«

Rosengartenstraße 80

11

Gehen wir nun wieder in die *Rosengartenstraße*. Schließlich erreichen wir rechts das Haus *Rosengartenstraße 80*. Es ist das erste Haus, das auf dem Frauenkopf gebaut wurde.

Im 19. Jahrhundert kämpften sich die weißen Siedler in den USA durch den Wilden Westen, und so ähnlich müssen sich auch die ersten »Siedler« auf dem Frauenkopf gefühlt haben. Der Umzug von Stuttgart hier auf das gerade zur Besiedlung freigegebene Gelände sei denn auch der Eroberung der Rocky Mountains in nichts nachgestanden. So steht es zumindest in der »semi-literarischen« Familienchronik der Familie Kunkel von 1933, die das Haus Rosengartenstraße 80 im Jahre 1912 bezog:

Vater Franz und Mutter Kathi erwarben sich 1912 das Haus, das heute noch in der Rosengartenstraße steht. Im Monat November wurde der Umzug vollzogen. Dieser gestaltete sich äußerst schwierig. In seiner Durchführung erinnert er an Karl Mays Schilderungen der Ansiedlung von Farmern in Wildwest. Die einzige Zufahrtsstraße war der Speidelweg, der von Rohracker ins Frauenkopfgelände führt. Damals war es ein sehr steiler, windiger Weg, der sich zwischen Weingärten zur Höhe emporschraubte. Tief unten

Das erste Wohnhaus der Siedlung Frauenkopf, die Rosengartenstraße 80. Hier zog die Familie Kunkel 1912 ein.

im Tal lag der Ort Rohracker. Der Berg fiel steil ab. Mit großer Mühe und Anstrengung wurde der Umzug bezwungen und die dauernde Ansiedlung begann.

So also kam der »Rote Heiland« nach Frauenkopf: »Vater Franz« war der Schriftsetzer und Sozialdemokrat Franz Kunkel, der wegen seines rotblonden Bartes, seiner Gesinnung und seiner feurigen Reden entsprechend tituliert wurde.

Frauenkopfstraße

12

Die *Rosengartenstraße* beschreibt wenig später eine Rechtskurve und erreicht einen Kreisverkehr bei der *Frauenkopfstraße*. Hier spielt eine Szene in dem Kurzkrimi »Der Frauenkopfmord« von Christine Lehmann, erschienen in dem Band »Mord isch halt a Gschäft«: Ein Auto fährt durch den Dezemberschnee. Im Auto sitzen Lisa, der Polizist Thomas und seine Frau.

Der Passat holperte über die im Schnee unsichtbare Mittelplatte des kleinen Kreisverkehrs am Ausgang des Stadtteils Frauenkopf. Inzwischen saß Thomas am Steuer. »Verdammter Kreisverkehr. Da gewöhne ich mich nie dran«, murmelte er gar nicht polizeigemäß. [...]

Wir rollten die Waldstraße entlang. In Placken fiel nasser Schnee von den Buchenzweigen. Die Bäume rückten dichter und dichter. Über den kahlen Kronen kreiselte der Scheinwerfer des Fernsehturms.

Was ist passiert? Eine junge Frau, die sich als ein Mann namens Meik ausgibt, wird von dem Polizisten Thomas Pfeiffer in der Frauenkopfsiedlung aufgegriffen. Sie ist ihm aufgefallen, weil sie verwirrt im Ort umherlief, mit einer blutenden Schnittwunde an der Hand. Er bittet sie ins Haus, damit seine Frau Madlen, eine Krankenschwester, die Wunde verbinden kann. Als er den Ausweis aus ihrer Tasche holt, stellt sich heraus, dass der vermeintliche Meik Lisa Nerz heißt. Schließlich findet Pfeiffer sogar noch ein Messer mit Blutspuren in der Tasche. Er wird immer misstrauischer und will die Frau zur Polizeidienststelle

Franz Kunkel, genannt der »Rote Heiland« vom Frauenkopf, spricht in Rohracker. Aquarellierte Federzeichnung seines Sohnes Ernst Kunkel

bringen, doch seine Frau Madlen beruhigt erst einmal die unter Schock stehende Lisa. Allmählich beginnt diese zu erzählen, sie sei mit ihrer Freundin Ilse spazieren gegangen und ...

Bekanntlich soll man ja bei spannenden Krimis nicht allzu viel verraten, sonst will sie ja keiner mehr lesen. Es stellt sich jedenfalls heraus, dass Lisa niemanden umgebracht, sondern, im Gegenteil, ihre Freundin Ilse gerettet hat.

Parallel der Autostraße, die in den Wald führt, bringt uns der rechts entlangführende Waldweg am Fernmeldeturm auf dem Gipfel des Frauenkopfs vorbei. Nach etwa 500 Metern erreichen wir die Stadtbahnhaltestelle *»Stelle«*.

Stadtbahnhaltestelle »Stelle«

X

Die Frauenkopf-Siedlung hat ihren Namen ursprünglich von einer Hirtenkapelle. Heute sorgt der zu Beginn der 1970er-Jahre gebaute Fernmeldeturm für den Draht nach oben.

B 27a
Alt. Schauspielhs.
Paulinen-str.
Österreich. Pl.
Weißenburgstr.
Immenhofer
Haupt-
Tübinger
Filder-
Stroh-berg
Lehen-str.
Tulpen-
Zellerstr.
Zeller
Krapfstr.
Pfaffenweg
Alte Weinsteige
B14
Tunnel
Silberburgstr.
Hermannstr.
Marien-
Furtbachstr.
Karls-höhe
343
Mörike-
Arminstr.
Böblinger Str.
Hohenzollernstr.
Liststr.
Eier-
Schreiber-str.
Frauenstr.
Taubenstr.
Böheim-Str.
Möhringer
Wannen-
Gebelsbergstr.
Hohentwiel-
Schwab-
Rotebühl-
Reinsburg-
Augusten-
Gutenberg-
Rotenwaldstr.
Bismarck-
Reinsburgstr.
Röcken-
wiesenstr.
Hasen-
berg
Hasenberg-
steige
Heslach
Heslacher
Wand
Herderstr.
Vogelsang-
U. d. Birkenkopf
Burgstallstr.
Kelterstr.
Kloß-
Baumreute
263
293
295
0
1 : 15 000
500m
1
2
3
4
5
6
7
8
9
10
11
12
13
14
15
X
X

Comic-Zeichner und Rapper im schwäbischen Brönxle

Von Heslach über die Karlshöhe zum Hasenberg

doch der wind singt deinen namen mein kind
und er bringt mir die nachricht
dass wir nicht mehr zusammen sind
und ich such zerstreuung geh dahin wo's laut ist
denn ich spür dass in mir was mit uns beiden nicht verdaut ist
doch auch mitten unter freunden wird es in mir still
ich denk an dich öfter als ich will
killesberg baby
killesberg baby
killesberg baby – ich bin aus heslach
sie kam vom dach der stadt und macht mich schwach
killesberg baby – ich bin aus heslach

(Thomas D)

Wir beginnen unsere Wanderung mitten in Heslach, dort, wo es laut ist. Heslach ist, literaturgeschichtlich gesehen, ein eher raues Pflaster. Romantische Gedichte mit Blümelein und Bächelein sucht man hier vergebens. Dafür finden sich eine sozialkritische Satirezeitschrift und Comic-Strips über drei jugendliche Rapper. Sogar ein literarisches Krankenhaus gibt es hier. Entschwinden wir den Niederungen des Nesenbachtals, geht es dann wieder poetischer zu. Eine berühmte Gartenwirtschaft an der Karlshöhe hat einst Dichter und Denker inspiriert. Über die Hasenbergsteige erreicht man schließlich den »Blauen Weg«, wo man, so verkünden es die Dichter, schon fast in Italien ist …

Haltestelle »Schreiberstraße«

X

Von der *Haltestelle »Schreiberstraße«* geht man über die *Schreiberstraße* die *Böblinger Straße* stadtauswärts und erreicht nach 200 Metern rechts das Jugendhaus Heslach in der *Böblinger Straße 92* an der Ecke *Frauenstraße.*

Böblinger Straße 92

1

1988 hatte hier eine unbekannte Band namens »Terminal Team« ewig auf ihren ersten öffentlichen Auftritt hingefiebert.

Heslach zieht sich als eng gedrängtes Häusermeer durch das Nesenbachtal. Die Hip-Hopper »Die Fantastischen Vier« hatten hier ihren ersten Auftritt.

Als dieser absolviert war, hatte ihnen ein Strolch die Kasse mit den Einnahmen geklaut. Dieser Rückschlag hat die Band aber nicht aus der Bahn geworfen. Ein Jahr später nannten sie sich »Die Fantastischen Vier« und wurden mit dem Song »Die da« deutschlandweit bekannt. Kein Wunder, dass der Stadtteil Heslach später auch in einem Lied-Text der »Fantas« auftaucht. Und

Hinfahrt	Stadtbahn U1 und U14, Haltestelle »Schreiberstraße«.
Rückfahrt	Buslinie 92 und 42, Haltestelle »Schwab-/Reinsburgstraße«.
Länge	5 Kilometer.
Dauer	2 Stunden.
Hinweis	Der Weg ist Teil des Wanderwegs »Heslacher Blaustrümpflerweg«. Ein Prospekt ist erhältlich bei Stuttgart Marketing und Verkaufsstellen der SSB.
Besichtigung	**Lapidarium,** Mörikestraße 24/1. Telefon (07 11) 2 16 44 48. Geöffnet Mittwoch, Samstag und Sonntag 14 bis 18 Uhr. Von September bis Ende April in der Regel geschlossen.
Einkehrmöglichkeiten	**Biergarten auf der Karlshöhe,** Humboldtstraße 44. Bei schönem Wetter geöffnet von Mai bis Oktober 11 bis 24 Uhr. Telefon (07 11) 2 84 68 78. **»Waldhaus Höhenrestaurant«,** Hasenbergsteige 105. Telefon (07 11) 6 59 99 33.

»Thomas D« alias Thomas Dürr, ein Bandmitglied der Fantastischen Vier, hat musikalisch und literarisch auf einem Solo-Album verarbeitet, was passiert, wenn ein Typ aus dem Arbeitervorort Heslach auf eine schöne Frau vom Killesberg trifft. Ein Auszug aus diesem »Drama« steht diesem Spaziergang vor.

Sie ahnen es schon, die Geschichte geht nicht gut aus! Und richtig, wie bei Lessings »Emilia Galotti« oder Schillers »Kabale und Liebe« ist auch diese Liaison über Standesgrenzen und Höhenmeter hinweg zum Scheitern verurteilt. Ein ewiges Thema für die Literatur. Anders als bei Lessing oder Schiller kommt bei Thomas D aber wenigstens keiner zu Tode, auch das Killesberg-Baby nicht.

Hier im Jugendhaus, auf dem Erwin-Schöttle-Platz oder auch am Marienplatz könnte sich folgende Szene zugetragen haben: Da trifft ein Reporter in Heslach Heiko, Dennis und Kevin sowie ihr Freundin Aysha, vier Pubertierende mit tief sitzenden Hosen und einer merkwürdigen Sprache. Der Reporter möchte sie zu den Zukunftschancen von Jugendlichen in Stuttgart befragen. Das geht aber schief, schon, weil er das merkwürdige Kauderwelsch der »Kids« überhaupt nicht versteht. Die Heslacher Brönxle-Jugendlichen haben sich die Sprechweise

Thomas D von den Fantastischen Vier besingt in »Killesberg-Baby« eine Liebe über Standesgrenzen und Stuttgarter Höhenmeter hinweg.

Die kleinen Mutterficker

Wie befragt man Jugendliche nach ihren Zukunftsaussichten? Ein Reporter der »Stuttgarter Zeitung« versucht es in diesem Comic der Dinter-Brüder. Vergeblich!

der schwarzen afroamerikanischen Hip-Hop-Stars angewöhnt. Die Kommunikation mit ihnen stellt sich als schwierig heraus.

Die drei Jungs sind »Die kleinen Mutterficker«, eine Art Heslacher Tick, Trick und Track. Wobei »Mutterficker« in ihrer Sprache gar nichts Unanständiges bedeutet, sondern einfach nur »klasse Typ« heißt. Erdacht wurden die drei übrigens von den Brüdern Jan, Matthias und Stefan Dinter, die seit über 20 Jahren gemeinsam Comics zeichnen und mittlerweile zur Spitze der deutschen Comic-Szene zu zählen sind.

Vom Jugendhaus Heslach geht es auf der gegenüberliegenden Straßenseite in die *Frauenstraße*, dann links in die *Möhringer Straße*. Wir überqueren die *Schreiberstraße* an der Fußgängerampel und gehen über den *Erwin-Schöttle-Platz* links an der

Matthäuskirche vorbei. Dann biegen wir rechts in die *Eierstraße*, um links an der nächsten Kreuzung die Böheimstraße zu erreichen und dort gehen wir zur *Böheimstraße 37.*

Böheimstraße 37

2

Nun stehen wir an dem Krankenhaus, in dem die drei jugendlichen »Brönxle-Bewohner« landen könnten, wenn ihre halsbrecherischen Skateboardfahrten mal daneben gehen sollten: das Marienhospital. Dieses Krankenhaus kann mit Fug und Recht als »literarische« Klinik bezeichnet werden, hat es

Ein weißer Hase und ein kleiner weißer Bär zu Besuch in der Plastischen Chirurgie im Marienhospital. Comic von Naomi Fearn, Ostern 2005

Im Bildhintergrund das Marienhospital. Eine Episode in Martin Walsers Roman »Brandung« spielt dort. Vorne die Heslacher Matthäuskirche am Erwin-Schöttle-Platz

doch seinen Platz sowohl in einem Comic als auch in einem Roman gefunden.

Jeden Donnerstag erscheint in der »Stuttgarter Zeitung« ein Comicstrip aus der Serie »Zuckerfisch« der Deutsch-Amerikanerin Naomi Fearn. Die Bildergeschichten zeigen Familienszenen aus dem Leben der Zeichnerin, die mit einem originellen schwulen Paar in einer Wohngemeinschaft lebt. Das Paar besteht aus einem weißen Hasen und einem kleinen knuddeligen Bären. Ab und zu taucht auch ihr Freund Jonas auf, der im realen Leben Jonas Greulich heißt und Filmregisseur sowie Mitherausgeber des Comic-Magazins »MOGA MOBO« ist. Sein Vater, Professor Michael Greulich, ist der Ärztliche Direktor am Zentrum für Plastische Chirurgie im Heslacher Marienhospital. So kam dann um Ostern 2005 Professor Greulich und das Marienhospital also zu seinen »Comic-Ehren«.

Doch nicht nur der Ärztliche Direktor der Plastischen Chirurgie, sondern auch die Kippfenster in den Patientenzimmern des Marienhospitals spielen in der deutschen Literatur eine Rolle. Martin Walser »verarbeitete« sie in seinem Roman »Brandung« aus dem Jahre 1985 (siehe auch die Tour »Sillenbuch«).

Im Marienhospital liegt die Schwiegermutter des Romanhelden Helmut Halm. Nachdem ein Klinikseelsorger die Krankensalbung gespendet hat, bittet die Frau um frische Luft:

> Sie sagte noch, Sabine solle das Fenster öffnen, das Fenster ausstellen. Sie wußte noch ganz genau, wie man diese Marienhospital-Fenster ausstellt, und konnte Sabine sagen, wo der Hebel sei und wie zu bedienen.

Laut Walser ist diese Episode von ihm frei erfunden, aber er kennt das Krankenhaus noch aus der Zeit, als er in den 1950er-Jahren in Stuttgart lebte. Eine seiner Töchter ist dort zur Welt gekommen.

»Die Sturmglock' heult, der Pfarrer ruft und rings im Land ist schwül die Luft ...«, denn der Sozialdemokrat kommt! Aus »Der wahre Jakob«

In der Möhringer Straße in Heslach wohnte bis zu seinem Tod der stadtbekannte Sozialdemokrat, Schriftsetzer und Redakteur Georg Bassler.

Vom Marienhospital gelangen wir stadteinwärts über die *Böheimstraße* an der nächsten Einbiegung links in die *Adlerstraße* und schließlich an der nächsten Kreuzung wiederum links zur *Möhringer Straße 28.*

Möhringer Straße 28

3

Der kleine Weiler Heslach vor den Toren der Residenzstadt Stuttgart wandelte sich im 19. Jahrhundert von einem Handwerker- und Weingärtnerdorf zu einem Industrie- und Arbeitervorort. Entsprechend waren hier nicht die bürgerlichen Parteien stark, sondern »die Sozis«. Und so kam aus Heslach auch schon damals Literarisch-Satirisches mit Namen »Der wahre Jakob«. So lautete vom Ende des 19. Jahrhunderts bis in die Zeit der Weimarer Republik der Name eines deutschlandweit bekannten Satiremagazins. Chefredakteur und Zeichner dieser Zeitschrift war zwischen 1890 und 1900 Georg Bassler, der damals hier in der Möhringer Straße 28 wohnte und ein stadtbekannter Sozialdemokrat war. »Der wahre Jakob« erschien im Stuttgarter Dietz-Verlag. Zeitweise hatte die Satirezeitung die höchste Auflage unter den Zeitungen ihres Genres in Deutschland. Bekannte Autoren, die in dem Blatt veröffentlichten, waren zum Beispiel die Dichter Arno Holz, Erich Mühsam oder Dr. Owlglass alias Hans Erich Blaich. Georg Basslers Enkel Siegfried ist, zusammen mit Stefan Hammer, Autor des 1985 erschienenen »Heimatbuch Heslach«.

Geht man nun die *Möhringer Straße* stadteinwärts, erreicht man zunächst die *Tannenstraße* und danach die *Jella-Lepman-Straße.* Dies ist die geeignete Stelle, um an eine außergewöhnliche Frau zu erinnern: die 1891 in Stuttgart geborene Jella Lepman. Aufgewachsen ist sie in der Tübinger Straße, die vom Marienplatz in die Innenstadt führt.

Jella-Lepman-Straße

4

Schon als 16-jähriges Mädchen engagiert sie sich für die Einrichtung einer Lesehalle für Kinder ausländischer Eltern im Stuttgarter Osten in der Zigarettenfabrik Waldorf Astoria des Stuttgarter Fabrikanten Emil Molt. Später, als Jella Lepmans Ehemann 1922 an den Folgen einer Kriegsverletzung stirbt, steht sie mit ihren zwei Kindern allein. Sie schreibt ein Kinderbuch und ein Theaterstück für Kinder, betätigt sich als Journalistin und wird die erste weibliche Redakteurin beim »Stuttgarter Neuen Tagblatt«. 1929 kandidiert sie für die Deutsche Demokratische Partei (DDP) zusammen mit Theodor Heuss und Reinhold Maier für den Deutschen Reichstag. Als Jüdin verlässt sie 1936 mit ihren Kindern Deutschland und schlägt sich zunächst in Italien und dann in England mit journalistischen und schriftstellerischen Arbeiten durch. 1945 kehrt sie als »adviser« für Frauen- und Jugendfragen im »Re-Education Program« der Alliierten aus London nach Westdeutschland zurück. Nun schlägt sie den Amerikanern vor, Kinderbücher aus aller Welt zur internationalen Verständigung zu sammeln. 1946 wird auf ihre Initiative die erste Kinder- und Jugendbuchausstellung nach dem Krieg eröffnet. Einer ihrer wichtigsten Mitstreiter ist Erich Kästner, der Autor von »Emil und die Detektive« und »Pünktchen und Anton«. Schließlich kann sie 1948 in München die Internationale Jugendbibliothek gründen. 1956 ruft sie den Hans-Christian-Andersen-Preis für Kinderbuchliteratur ins Leben. Dieser sogenannte »Kleine Nobelpreis« wird in Odense in Dänemark vergeben. Gestorben ist Jella Lepman 1970 in Zürich.

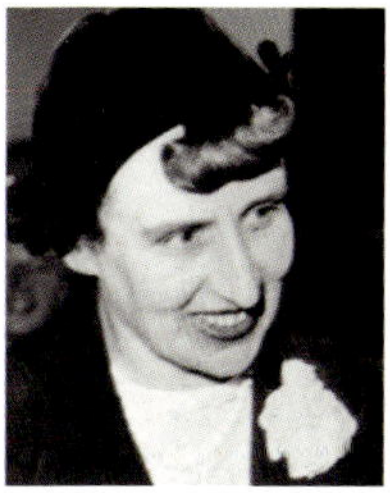

Nach dem Krieg kehrt die in Stuttgart geborene Jüdin Jella Lepman zurück nach Deutschland und gründet 1948 die Internationale Jugendbibliothek.

Wir erreichen nun weiter stadteinwärts den neu gestalteten *Marienplatz,* der nach den engen Straßen unseres bisherigen Weges den Blick auf die Hügel Stuttgarts freigibt.

Marienplatz

5

Bevor wir in höhere Gefilde steigen, sei von einigen Anekdoten über die »Vorzeit« in Heslach berichtet. Wie begann wohl zum Beispiel die Besiedlung Heslachs? Eine Sage liefert mit einer Variante des biblischen Schöpfungsmythos die Erklärung, zu finden in dem erwähnten Buch von Siegfried Bassler:

Die Stuttgarter schuf der Herr aus Letten, aus Lehm, in einem Atelier auf dem Hasenberg. Den Wohlgeratenen hauchte er seinen Odem ein und schickte sie die Hasenbergsteige hinunter. War ihm einer mißlungen, so hauchte er

Im Lapidarium lauert Bismarck hinter der Birke, und ein schaffender Weingärtner mit Lederwams und Traubenbutte hockt auf einem Steinhaufen.

ihm erst gar keine Seele ein. »Häßlich, häßlich!«, mißbilligte er die zu kurz gekommenen Gebilde und rollte, schwäbisch »wärgelte«, sie den Hasenberg hinunter, worauf sie sich in der Vorstadt Häslich, Heslach geschrieben, niederließen, weshalb es in Heslach vorzeiten 500 Einwohner, aber nur drei Seelen gab.

Etwas wahrscheinlicher als diese »mythologische« Deutung ist die Theorie, dass Heslach von Stuttgarter Weingärtnern gegründet wurde. Die ersten Häuser standen damals in der Nähe des heutigen Bihlplatzes.

Warum aber heißen die Heslacher »Blaustrümpfler«? Laut einer Legende musste der wegen eines Überfalls auf Reutlingen flüchtige Herzog Ulrich von Württemberg am 15. Oktober 1519 in einer Heslacher Mühle übernachten. Da er aber verraten wurde, setzte er seine Flucht über die Filder auf die

Schwäbische Alb fort. 1534, nach seiner Rückkehr, ordnete er an, dass die Heslacher zur Strafe für dieses damalige Verhalten beim sonntäglichen Kirchgang blaue Strümpfe zu tragen haben. Die Sitten sind heutzutage freilich so verlottert, dass kaum ein Heslacher sich mehr daran hält.

Weil aller guten Dinge drei sind, sei noch eine Geschichte zum Thema »Emigranten« erzählt: Früher weithin bekannt war die Anekdote von Herzog Carl Eugen, der beim Bau des Neuen Schlosses den Baumeister gefragt haben soll, ob die Arbeiter alle Einheimische seien, worauf der antwortete: »Mit Unterschied, Hoheit, s'send au ebbas Heslicher drbei.«

Wir verlassen nun das Nesenbachtal und steigen langsam zur *Karlshöhe* hinauf. Dazu verlassen wir den *Marienplatz* über die Fußgängerampel, die auf der nordwestlichen Seite des Platzes am Springbrunnen vorbei zur *Mörike-Apotheke* führt. Nach einigen Metern rechts geht man dann die *Hohenstaufenstraße* etwa 300 Meter aufwärts und erreicht die *Willy Reichert Staffel*. Diese führt schließlich zur *Mörikestraße*.

Willy Reichert Staffel

Die Staffel ist benannt nach dem bekannten schwäbischen Humoristen und Schauspieler Willy Reichert. Der 1896 in Stuttgart geborene Reichert spielte mit Oscar Heiler in den legendären Comedy-Sketchen »Häberle und Pfleiderer«. Die Mörikestraße ist natürlich nach Eduard Mörike benannt, dem württembergischen Dichter und Schriftsteller des 19. Jahrhunderts, der uns in den anderen Kapiteln schon mehrfach begleitet hat.

Mörikestraße 24/1

6

Gleich neben der Staffel, in der *Mörikestraße 24/1,* befindet sich das Städtische Lapidarium. Die Sammlung von Plastiken und Überresten zerstörter Gebäude in einer wunderschönen Gartenanlage lädt in den Sommermonaten zu einem Aufenthalt ein – besonders geeignet für (Traum-)Wandler auf Dichterspuren. So schrieb die »Frankfurter Allgemeine Zeitung« 1991 unter dem Titel »Bismarck lauert hinter einer Birke« über das Lapidarium: »Der große Dichter Rainer Maria Rilke hätte an diesem Garten seine Freude gehabt und nicht nur Apollo, sondern auch Orpheus und die Quellnymphe in verborgener Pracht entdeckt. Je weiter man in den Garten eindringt, [...] um so mehr fühlt man sich in eine andere, verzauberte Welt versetzt.«

Doch was wäre geschehen, wenn der elegische und zartfühlende Rilke plötzlich den steinernen Bismarck entdeckt hätte, der hinter der Birke lauert?

Wir folgen weiter der *Willy-Reichert-Staffel* bergaufwärts, bis wir in der Biegung der *Humboldtstraße* rechts den Weg in den *Weinberg* hineingehen. Nach etwa hundert Metern gabelt

Spielplatz

7

sich der Weg und wir nehmen zunächst den Weg nach rechts. Er führt uns oberhalb der Villa Gemmingen entlang zu einem Gelände mit einem ausgedehnten *Spielplatz*.

Wäre man noch vor 1938 an genau diesen Ort gelangt, hätte man sich hier in einem weitläufigen Gartenlokal verlustieren können, nämlich auf der Silberburg, die der unterhalb entlanglaufenden Silberburgstraße den Namen gab.

Die Silberburg war alles andere als ein mittelalterliches Burggemäuer, sondern ein Ausflugslokal, gegründet von dem Cafétier Lorenz Silber im Jahr 1806. Danach gelangte es in den Besitz der »Museums-Gesellschaft«, einer Stuttgarter Honoratiorenvereinigung. Der Schriftsteller Jean Paul, der 1819 zu Besuch in Stuttgart war, empfand es als »die schönste Stelle der Stadt«. Acht Jahre später kam Wilhelm Müller zu Besuch. Müller war der Dichter der berühmten, von Franz Schubert vertonten Gedichtzyklen »Die Winterreise« und »Die schöne Müllerin« mit den deutschen »Evergreens« »Am Brunnen vor dem Tore« oder »Das Wandern ist des Müllers Lust«. Müller war zehn Tage in Stuttgart und wurde dabei mit allen Dichtern,

Heute auf den Fernsehturm, damals auf die Silberburg: Die Stuttgarter Literaten führten ihren Stargast Wilhelm Müller 1827 zum Ausflugslokal des Cafétiers Lorenz Silber. Kolorierter Stahlstich, um 1820

Künstlern und Intellektuellen bekannt, die Rang und Namen hatten wie Gustav Schwab, Ludwig Uhland und Johann Heinrich Dannecker. Damals wurde er noch der »Griechen-Müller« genannt, weil er sehr populäre Gedichte zum Unabhängigkeitskampf Griechenlands gegen das Osmanische Reich schrieb. Er kam am 5. September 1827 in Stuttgart an, und gleich packte den Griechen-Müller die Wanderlust, nämlich im Kreise seiner Bekannten auf die Silberburg zu wandern:

Gegen halb 8 Uhr ließ ich mich zu Schwab führen und fand ihn unter Frau und Kindern, fröhlich überrascht durch meine frühe Ankunft, seine Aufnahme so herzlich, wie ich es nach seiner Einladung erwarten konnte. [...] Wir gingen zusammen nach der sogenannten Silberburg, einem Gasthause auf der Anhöhe, von wo man die ganze Stadt überschauet, die indessen kein bedeutendes Bild gibt. Sie hat wenig Türme und keinen einzigen stark hervorragenden. Ringsum Berge, die einen Kessel bilden, meist mit Reben bedeckt. Auch das Innere der Stadt ist ohne Charakter, altes und neues durcheinander.

Blick von der Karlshöhe auf Stuttgart. Im Herbst und Winter ein ruhiger Platz, im Sommer trifft man sich hier im Biergarten auf der Aussichtsplattform.

Auch wenn das nicht sehr begeistert klingt, hat sich Müller während seiner Aufenthaltszeit doch mit der ganzen Stuttgarter »Dichter- und Künstlerblase« gut amüsiert.

Wir gehen nun den Weg entlang der Villa Gemmingen wieder retour und steigen an der *Weggabelung* rechts im Bogen hinauf zur *Karlshöhe*. Bevor wir die Aussichtsplattform mit der Gartenwirtschaft (im Sommer) erreichen, gabelt sich der Weg wiederum, nach rechts führt er uns ein kleines Stück hinab in Richtung Stuttgarter Westen.

Karlshöhe

Gegenüber einer Aussichtsplattform im waldigen Park taucht der Pallas-Athene-Brunnen auf, das letzte Überbleibsel der Bauten des Chemiefabrikanten Gustav Siegle. Als die prächtige, im italienischen Renaissancestil erbaute Villa Siegle 1871 mit einem Schäferspiel von Goethe eingeweiht wurde, waren der damalige Erfolgsschriftsteller Friedrich Hackländer und Eduard Hallberger, der Gründer der Deutschen Verlagsanstalt, dabei. Die im Krieg zerstörte Villa stand etwa dort, wo heute ein wenig unterhalb des Brunnens ein kleiner Spielplatz liegt.

Links neben dem Brunnen, der die Geburt Athenes aus dem Schädel des griechischen Göttervaters Zeus zeigt, führen *Treppenstufen* wieder hinauf zur *Gartenwirtschaft*. Wir gehen oben weiter *rechts den Weg entlang* und lassen die *Gartenwirtschaft* links liegen und gehen durch ein *Tor* weiter geradeaus.

Links zeigt sich eine weitere Aussichtsplattform mit Bank. Wir gehen nun vor einer rechts gelegenen Sitzbank *einen kleinen Pfad* entlang. Dieser führt unvermutet auf eine *schmiedeeiserne Brücke* aus dem Jahr 1889.

Schmiedeeiserne Brücke

8

Nun schauen wir hinunter auf das Gelände eines ehemaligen Steinbruchs, der damals zu Ehren König Karls von Württemberg zur Grünanlage umgewandelt und »Karlshöhe« benannt wurde. Früher hieß diese Hügelkuppe »Reinsburg«.

Wenn die Silberburg schon keine silberne Burg war, stand hier also vermutlich einmal eine »Rainers Burg«? Leider nicht. Gibt es sonst einen Hinweis auf ein Gemäuer aus der Zeit der Rittersleut? Eine Sage berichtet recht fantasievoll von weinseligen Klosterherren, die hier vor langer Zeit gerne auf der »Rainspurg« bei lustigen Schenken eingekehrt sein sollen. Zu finden ist sie in dem Band »Stuttgarter Chronik und Sagenbuch« von Friedrich Nick. Jahrhunderte später, nachdem alles schon wieder in Trümmern lag, soll dann ein Mönch durch das Stadttor hinaus zur Reinsburg spaziert sein:

Gegenüberliegende Seite: Laut einer Sage entdeckte ein schlafender Mönch den Weinkeller auf der Reinsburg. Historische Zeichnung von A. Federer

Im Jahr 1479 nämlich, an einem schwülen Tage spazierte ein Mönch Namens Peter Hangleiter zum Seelthor hinaus und am Gaisrain hinauf nach der Rainspurg, wo er sich müde an ein schattig Mäuerlein legte und bald einschlief [...].

Als er wieder erwachte, hatte er ein »steif Genick«. Er entdeckte einen Erdspalt, aus dem Zugluft strömte, die, wie er vermutete, wohl von einer Höhle oder einem verschütteten Kellergewölbe herrührte. Er eilte flugs zu seinem Klosterherrn, dem Abt des Klosters Lorch, der in der Lorcher Kelter in der Stuttgarter Altstadt wohnte. Dieser ließ sich vom Stadtmagistrat die Erlaubnis geben, »Steine, und was er sonst noch finde, von der Reinspurg holen zu dürfen«. Und was entdeckte man nicht alles: Schüsseln und Körbe mit Geschirr, exakt 93 Hühnereier, des Weiteren Haselnüsse, Bohnen, Salz und sogar noch brauchbares Mobiliar. Das Wichtigste waren aber acht Riesenfässer Wein. Man bohrte sie an und es sprang ein vorzüglicher Wein heraus. Die Arbeitsleute ließen sich daraufhin den Fund schmecken. Als sie davon auch den Ratsherren berichten wollten, stellte sich das allerdings als äußerst schwierig heraus. Der erste betrunkene Baumann »mußte sich planlegen«, der zweite fiel über die Mauer und brach sich ein Bein, der dritte schließlich gelangte benebelt zum Bürgermeister und teilte ihm den Fund mit. Auch der Bürgermeister Stuttgarts war nach einer Probe so angetan, dass er den Wein für den Stadtrat reklamierte. Dies wiederum brachte den Abt gegen den Bürgermeister auf. Doch der Abt hatte das Nachsehen und landete bei einer tätlichen Auseinandersetzung in der Wanne mit den 93 Hühnereiern. Schließlich einigte man sich aber gütlich: Der Wein gelangte in den Besitz des Stadtrats und die Fässer bekam das Kloster. Heute würde man sicherlich nichts mehr finden, denn hier wurde in den Steinbrüchen alles um- und ausgegraben.

Die Brücke führt wieder auf den *geteerten Weg*, der in einer Rechtskurve weiterläuft, bis er nach einer Schranke auf den Be-

Humboldtstraße

ginn der *Humboldtstraße* stößt. Hier gehen wir wieder rechts in den Park hinein, vorbei an dem alten, verfallenen Schweizerhaus der Fabrikantenwitwe Sophie Knosp. Das Markierungszeichen des Blaustrümpflerweges des Schwäbischen Albvereins leitet uns nach dem Schweizerhaus einen *Weg* entlang, der links abwärts in den Stuttgarter Westen führt. An einem neu bebauten Grundstück führt dann rechts eine Treppe zur *Hasenbergsteige*.

Hasenberg-steige 10

9

Der französische Dichter Arthur Rimbaud fand in Stuttgart alles ziemlich minderwertig. Einzig der »Riessling« fand seine Gnade. Ölgemälde von A. Garnier, 1872

Wir gehen zunächst rechts die Straße abwärts, bis wir auf der anderen Straßenseite zur *Hasenbergsteige 10* gelangen. In der zweiten Hälfte des 19. Jahrhunderts war dieses Grundstück auf dem Stadtplan als Hasenbergsteige 7 zu finden. Dort wohnte für kurze Zeit jemand, der nach bürgerlichem Verständnis ein rechtes chaotisches Leben führte: der 1854 in Charleville geborene französische Dichter Arthur Rimbaud. Als er hier lebte, war er Anfang zwanzig und hatte 1871 schon in Paris am Aufstand der Pariser Kommune teilgenommen und mit dem Dichter Paul Verlaine in einer homoerotischen Liaison in London und in Brüssel gelebt. Mit 21 Jahren hatte er dann keine Lust mehr zu dichten. Bis dahin hatte er die Epoche machenden Werke wie »Das trunkene Schiff« und »Eine Jahreszeit in der Hölle« geschrieben. Danach trieb er sich in Ägypten, Äthiopien und Jemen herum und betrieb Handel mit Kolonialwaren. Mit 37 Jahren verstarb er. Begraben liegt er in seiner Heimatstadt Charleville.

Bevor er im fernen Afrika das Weite suchte, verbrachte er im Frühjahr 1875 zwei Monate in Stuttgart. Rimbaud wollte Deutsch lernen und lebte hier in der Hasenbergsteige bei dem pensionierten Pfarrer Ernst Rudolf Wagner. Hier bekam er Besuch von Paul Verlaine. Zwei Jahre vorher hatte ihre Beziehung in Brüssel mit einem Schuss aus Verlaines Revolver geendet, der Rimbaud eine verletzte Hand und Verlaine zwei Jahre Gefängnis einbrachte. Angeblich hat Rimbaud seinen ehemaligen Liebhaber Verlaine hier in Stuttgart am Neckarufer halb tot geprügelt. Belege dafür gibt es nicht. Die Biografen Rimbauds ließen aber ihrer Fantasie über diese »Neckarschlacht« freien Lauf.

Verprügelt hätte Rimbaud wohl lieber seinen Vermieter Pfarrer Wagner, denn in einem Brief an einen Freund heißt es als Randgekritzel auf Deutsch:

Wagner verdammt in Ewigkeit!

Und dann weiter in einem wohl unter Alkoholeinfluss geschriebenen Französisch – hier in einer humorvoll frankophilen Übersetzung:

Alles ist ziemlich minderwertig hier – eine Ausnahme: Riessling, von dem isch ein Klas davon im Ahngesicht der 'ügel leere, die ihn sur Welt 'aben komen sehn, auf Deine ungetümliche Gesundheit. Es sonnt und friert, zum braun ärgern. Dein Rimb

Weitere Kritzeleien auf dem Brief zeigen einen Eisenbahnwaggon, Bierkrüge, Phallussymbole, Weinfässer und Unmengen »Riessling«-Flaschen. Rimbaud hätte sich mit den Jungs aus dem Comic der Dinter-Brüder über alle Sprachgrenzen hinweg sicher gut verstanden ...

Eine kleine Notiz an Rande: Ein Jahr nach Rimbaud zieht der gebürtige Genfer Henri Dunant bei Pfarrer Wagner ein. Dunant hatte 1860/61 »Eine Erinnerung an Solferino« veröffentlicht, worin er an die Greuel der Kriegsschlacht von Sardinien-Piemont und Frankreich gegen Österreich gemahnte und Vorschläge zur Gründung einer Hilfsgesellschaft zur Pflege von Verwundeten machte. Zwei Jahre später wurde unter seiner Federführung das Internationale Rote Kreuz gegründet.

Wir begeben uns wieder die *Hasenbergsteige* hinauf und entdecken gegenüber der *Hasenbergsteige 18* in der Grünanlage ein Denkmal für den Dichter Johann Georg Fischer.

Hasenbergsteige 18

10

Fischer ist heute vergessen, im 19. Jahrhundert war er jedoch in Stuttgart ungemein populär. 1816 in Süßen im Filstal geboren, wurde er in Stuttgart im bürgerlichen Beruf Realschullehrer und Schulleiter. An vierundzwanzig Geburtstagen Schillers beglückte er sein Publikum bei den jährlichen Schillerfeiern mit feurigen Reden. Seiner Dichtung bescheinigt sein Biograf und Sohn Hermann Fischer »einen fast erotischen Drang« zur Natur. Ein Beispiel hierfür ist folgendes Gedicht:

Der Stuttgarter Dichter Johann Georg Fischer, dem die Anlage an der Hasenbergsteige gewidmet ist, betrank sich nicht mit Wein, sondern lieber mit »Luft und Duft«.

Klang und Duft

Das ist ein Tönen zum Versinken!
Die Freude kehrt sich fast in Weh,
Wenn alle Luftorgane trinken
Dies Flurgebet aus Fern' und Näh',
Und alle Andacht keinen Tag
Die Herrlichkeit beschließen mag.

Und wenn in einem Strom von Düften
Ein jeder Strom von Duft versinkt,
Daß durstig sich in solchen Lüften
Die Seele überdurstig trinkt! –

Komm nur, Du Glut, und breite Dich,
Ich trinke und ergebe mich.

Gustav Schwab war im 19. Jahrhundert eine umtriebige Gestalt im Literaturleben Stuttgarts. Ölgemälde von Karl Leybold, 1825

Fischer macht es vor: Betrinken kann man sich auch ohne »Riessling« ...

Wir verlassen diesen trunkenen Ort und gehen nun die *Hasenbergsteige* rechts entlang, weiter hinauf zum *Hasenberg*. Hermann Lenz hat in seinem Buch »Stuttgart – Porträt einer Stadt« einiges zu dem Namen dieser Steige ausgegraben:

Eine Burg ist nie auf dem Hasenberg gestanden, obwohl es im 19. Jahrhundert hieß, er habe ein Raubritternest auf seinem Gipfel getragen, und die Stuttgarter hätten ihn gehaßt; sein Name bedeute: »Haß dem Berg«.

Verbürgt sei allerdings nur, so Lenz weiter, dass sich auf dem Hasenberg ein Hasengehege der Herzöge befand.

Hasenbergsteige 20

11

Dort, wo die Hasenbergsteige den *Schwabtunnel* überquert, entdeckt man rechter Hand am Haus *Hasenbergsteige 20* am hinteren Eck wiederum einen Dichter: Gustav Schwab, den Namensgeber des Schwabtunnels und der Schwabstraße. Er blickt uns hier als Büste von der Hauswand entgegen. Der Dichter und Pfarrer, 1792 in Stuttgart geboren und dort 1850 auch verstorben, war Freund von Justinus Kerner, Ludwig Uhland und Nikolaus Lenau und eine der zentralen Gestalten des schwäbischen Dichterkreises. Gewohnt hat er allerdings nicht hier, sondern in der Stuttgarter Innenstadt. Die Straße wurde nach seinem Tod zu seinen Ehren benannt. Seine »Sagen des klassischen Altertums« haben vielen Generationen die Welt der Antike erschlossen. Populär wurden zu seinen Lebzeiten auch die »Wanderungen durch Schwaben« von 1837.

Weiter führt die *Hasenbergsteige* langsam, aber stetig aufwärts vorbei an der *Hohentwielstraße*. Schließlich gelangen wir hinter dem *Wasserwerk Hasenberg* bei *Nr. 51* zur Einmündung am *Blauen Weg*, auf dem wir nun oberhalb von Heslach inmitten von Obstgärten aus der Stadt spazieren. Für Dichterfreunde und Romantiker trägt dieser Weg schon fast einen mythischen Namen, gemahnt er doch an die »Blaue Blume« der Romantik, *das* Symbol für die Sehnsucht und die Liebe und das Streben nach dem Unendlichen.

Blauer Weg

12

Ins Unendliche führt der Weg zwar nicht, aber zumindest »ins Blaue«, letztlich als markierter Wanderweg bis in den Schwarzwald nach Calw. Früher lief er mitten durch Weinberge. Ein kleiner Rest der Weinlage »Afternhalde« ist hinter dem Wasserwerk noch erhalten und entlang des Weges gibt es noch immer schöne Trockenmauern der ehemaligen Weinberge. Der Weg ist einer der schönsten Spazierwege Stuttgarts und sogar der erste ausdrücklich bezeichnete Wanderweg des Schwäbischen Albvereins.

Hier sei nun ein kleiner Ausschnitt aus einem großen Epos zitiert:

holzrauch über heslach. hackstück. verweh. da lag nämlich
schon ganz schön schnee, als wir den blauen weg in rich-
tung bärenschlößle pflügten, und unerschrocken brüllten
wir einander zu: »Schau, der gelbe schnabel einer amsel!
uh, das krude gewölle des käuzchens!« – das hat uns, glaub
ich, der handke gelehrt. zärtlich den gastraum betreten, um

preßsack gebeten, brezeln, um zwei schiere bier. das waren
weitgehend klagfreie tage, die kamen und gingen, kamen und
gingen, und waren fraglos tage der euphorie, die hörten gar nicht
mehr auf. nie sollst du versäumen, an solchen tagen zu streunen,
dir einen platz einzuräumen vor dem kachelofen katzenbacher
hof. kann, trughaft vermein, auch ein allesbrenner gewesen sein.
[...]

Auf dem Bild erkundet Ulf Stolterfoht Heslach zu Fuß, auf poetische Weise in seinem Band »holzrauch über heslach«.

Griechenland hat die großen Werke »Odyssee« und »Ilias«, Rom hat die »Aeneis« und auch Heslach hat ein Heldengedicht: Den großen Heslach-Gesang »holzrauch über heslach«.

Dieses lange Gedicht füllt ein ganzes Buch und kann mit einer poetischen Geschichtsschreibung Heslachs und des Stuttgarter Westens aufwarten. Fast alle Straßen und Kneipen Heslachs werden gewürdigt. Auch werden Sie vermutlich nicht alles verstehen, es liest sich aber doch höchst amüsant. Der Künder dieser Heslach-Saga heißt nicht Homer oder Vergil, sondern ist der 1963 in Stuttgart geborene Ulf Stolterfoht. Er hat, wie so viele Schwaben, seine Zelte mittlerweile in Berlin aufgeschlagen. Geschrieben hat er das lange Gedicht, für das er 2008 den Peter-Huchel-Preis erhalten hat, allerdings in Italien, in Rom. In den Gaststätten rund um die Piazza Bologna ließ er sich inspirieren, um ein fantastisches, rätselhaftes und magisches Heslach entstehen zu lassen.

Sollte man auf dem Blauen Weg jemanden brüllen hören: »Aaah, die schönen Flügel eines Schmetterlings!«, dann ist Ulf Stolterfoht entweder wieder daheim oder es ist doch Peter Handke. Letzteres ist wegen Handkes Abneigung gegen Stutt-

gart, wie Sie im Kapitel über den Killesberg lesen können, freilich eher unwahrscheinlich.

Wir spazieren weiter den *Blauen Weg* entlang und erfreuen uns an der Aussicht über Heslach und den schönen Trockensteinmauern. Nach einigen hundert Metern tauchen unterhalb des Weges die Gleise der Gäubahn auf. Dort verkehren Züge in den Schwarzwald, nach Singen oder sogar bis nach Italien.

Nicht weit von hier entfernt hat ein anderer Stuttgarter Schriftsteller, Hanns-Josef Ortheil, seine Zelte aufgeschlagen. Er betitelte eines seiner Bücher »Blauer Weg«. In diesem Buch steht ganz am Anfang eine regelrechte Hymne auf diesen Spazierweg und die Gäubahn:

Wer mich besuchen will, erreicht mich nur über einen schmalen, sich auf halber Höhe über dem Stuttgarter Tal entlangwindenden Fußweg, der früher die schrägen Weinberge durchschnitt. Es ist ein verborgener, paradiesischer Weg, von dem man sagt, daß er geradewegs ins Blau führt, ins Blau der Ferne, des Meeres oder des Südens.

Ortheil erzählt weiter, wie er dieses Häuschen für sich als Wohnort entdeckte und sich daran machte, das Grundstück zu erschließen, wie er den Hang rodete und ein Pfad angelegt wurde. Der Abschnitt schließt mit den Sätzen:

»K. reckt den Kopf, versucht, das Richtungsschild zu lesen, und sagt, mit einem flüchtigen Blick hinter dem Zug her: ›Und dort liegt also Italien ...‹« Immer Richtung Süden fährt der ICE, der auf der Gäubahntrasse Hanns-Josef Ortheils Haus passiert.

Ich beschreibe K. das Gelände: dort, die Hügel, schon jenseits des Neckars, dort der Rotenberg [...]. Mitten in meinen Erklärungen fährt ein Zug an uns vorbei. K. reckt den Kopf, versucht, das Richtungsschild zu lesen, und sagt, mit einem flüchtigen Blick hinter dem Zug her: »Und dort liegt also Italien ...«

Wir schauen ebenfalls sehnsuchtsvoll dem Cisalpino hinterher oder, falls es mit der Sehnsucht »nicht so weit her« ist, eben der Gäubahn bis Singen. Wenn wir fast ans Ende des *Blauen Wegs* gelangt sind, finden wir rechter Hand in einer Einbuchtung der Mauer eine Bank, auf der steht: »Mische Tun mit Nichtstun.« Ob auf dieser Bank ab und zu der norddeutsche Schriftsteller Wilhelm Raabe saß, der 1862 für acht Jahre nach Stuttgart zog und in der Hermannstraße im Stuttgarter Westen wohnte? Wohl kaum, aber er ist in seiner Stuttgarter Zeit gerne hier entlangspaziert.

Wilhelm Raabe beschreibt in seinem Roman »Akten des Vogelsangs« die Gegend des Hasenbergs. Ölgemälde von Wilhelm Immenkamp

Raabe wurde 1831 in Eschershausen im Weserbergland geboren und starb 1910 in Braunschweig. Der Erzähler und Romancier war einer der wichtigsten Autoren des sogenannten poetischen Realismus und schrieb in Stuttgart so bekannte Werke wie »Der Hungerpastor«, »Abu Telfan« oder »Der Schüdderump«. Einer seiner späten Romane heißt »Die Akten des Vogelsangs«. Damit ist tatsächlich das Gebiet um die Haltestelle »Vogelsang« in Stuttgart-West gemeint. Damals standen dort noch keine Häuser, stattdessen gab es einen aufgestauten Weiher des Vogelsangbachs, den Vogelsangsee. Und ein anderer Name taucht in dem Roman auf, der »Osterberg«. In den Beschreibungen im Roman kann man unschwer den Hasenberg erkennen:

Der Wald war selbst damals schon dort oben von ziemlich wohlgehaltenen Pfaden durchschnitten, wie man sie heute in den Bädern als »Promenadenwege« kennt. Hier und da hatte sogar schon irgendein Naturliebhaber und Wohltäter der Menschheit eine Bank aufgestellt, die meisten in das Gehölz und Gebüsch hinein, doch eine oder zwei auch an den Rand des Hügels mit dem Blick ins Tal und auf die liebe Heimatstadt und Hochfürstliche Residenz, halb in diesem Tale und halb im offenen Lande.

Wir folgen der scharfen Rechtskurve des *Blauen Wegs* und gehen etwas später an der *Schranke* vorbei. Hinter den zwei Aussichtsbänken steigt rechts ein sehr *steiler Weg* an und führt hinauf in Richtung Gaststätte »Waldhaus«.

Hasenbergsteige 105

13

Wer mag, kann oben, in der *Hasenbergsteige 105,* einkehren und in der Gaststätte die Bilder des Pächters Günter Lemme

Ort der Kunst: der Skulpturenpark von Otto Herbert Hajek in der Hasenbergsteige

begutachten oder auch eines seiner Gedichte lesen, die er in einigen Bänden veröffentlicht hat. Unter ihnen gibt es ein Gedicht über einen Gartengast in einem Gasthaus. Gleiches kann einem auch im »Waldhaus« geschehen, aber dann sollte man sich flugs ins Innere des Lokals begeben:

Der Gartengast

Ein schöner, großer Garten war
dem Gasthaus angeschlossen,
dort habe ich mich hingesetzt
und Speck und Bier genossen.
Noch während ich beschäftigt war,
für Speis' und Trank zu danken,

fing über meinem Haupte gar
das Wetter an zu schwanken.
Ich hörte keinen Vogel mehr.
Die Blumen senkten's Köpfchen,
und aus den Wolken fielen schon
die ersten Regentröpfchen.
Die ersten Tröpfchen fielen nun
lautstark aufs Blätterdache,
der Wind peitschte die Wolken auf
mit wüstem Ungemache.
Der Himmel hatte doch fürwahr
geöffnet alle Schleußen;
Es war, als wollt im Regen er
mich Gartengast ersäufen.

Oben an der Straße sind wir wieder an der *Hasenbergsteige* und stoßen auf den Stumpf des Hasenbergturms, der hier bis 1943 stand. Geht man nun am Turmstumpf in der Anlage die *Treppen* die *Hasenbergsteige* hinunter, sieht man in der Grünanlage etwa hundert Meter unterhalb rostbraune Skulpturen von Otto Herbert Hajek.

Hasenbergsteige 94

14

Hinter diesen Skulpturen verbirgt sich, noch etwas weiter unten auf Höhe *Hasenbergsteige 94,* hinter einigen Nadelbäumen das Wilhelm-Hauff-Denkmal. Wenn Wilhelm Hauff, 1802 in Stuttgart geboren und ebenda 1827 verstorben, denn seinen Blick um neunzig Grad Richtung Schwäbischer Alb wenden könnte, sähe er fast bis zur Burg Lichtenstein. Sie wurde 1840 und somit zeitlich *nach* dem gleichnamigen Roman von Wilhelm Hauff erbaut. Also nicht das Buch zur Burg, sondern die Burg zum Buch!

Und wer in Stuttgart einen Felsblock vom Lichtenstein und Efeu von der Nebelhöhle sehen will, pilgert zu Hauffs Grab auf dem Stuttgarter Hoppenlau-Friedhof.

Hasenbergsteige 90

15

In der *Hasenbergsteige 90,* etwas unterhalb des Denkmals auf der dem Stuttgarter Westen zugewandten Seite, stand ehemals das »Luftkurhaus Buchenhof« mit einer Glasveranda.

Dieses Lokal war eines der bekannten und beliebten Ausflugslokale der Stadt. Der in Warmbronn bei Leonberg 1835 geborene Dichter und Landwirt Christian Wagner wanderte gerne an Sonntagen von seinem Heimatdorf nach Stuttgart hinein und machte hier Halt. Er schrieb ein Gedicht ins Gästebuch, das bei entsprechender Fantasie die Fahrkarte für den vorhin erwähnten Cisalpino ersparen kann:

Das »Luftkur-Hotel Buchenhof«, Hasenbergsteige 90, wurde nach Kriegsende wieder aufgebaut und bestand noch bis 1982 als Hotel garni.

Der Warmbronner Dichter Christian Wagner genoss vom Buchenhof den Blick über das »schwäb'sche Firenze«.

Willst du retten dich, Freund, aus Stuttgarts Straßengetriebe,
suchen ein stilles Asyl, so flücht' zu der schattigen Höh'
des Hasenbergs hinan, wo dir winket ein Weinhaus,
vornehm, edel, zumal als rebenumsponnene Villa.
Oben der heil'ge Wald und unten das schwäb'sche Firenze,
göttlich schwelgst du so in Wein und herrlichem Ausblick.

Wagner, dessen naturlyrisches Werk von Hermann Hesse 1913 in einem Auswahlband herausgebracht wurde, starb 1918 in Warmbronn.

Am Ende unseres Streifzugs kann man weiter zum Birkenkopf oder den Wanderweg zu den Parkseen gehen. Wir gehen aber gemütlich die *Hasenbergsteige* wieder hinunter, um all das noch zu genießen, was wir durch den Abzweig in den Blauen Weg verpasst haben: Seien es weitere Kunstwerke des 2005 verstorbenen Bildhauers Otto Herbert Hajek, die sich in einer Grünanlage die Hasenbergsteige bis zu seinem Wohnhaus *Hasenbergsteige 65* hinunterziehen. Oder das angeblich schon seit 1737 existierende Alexanderhäusle in der *Hasenbergsteige 60*. Dort sollen sich zur Regierungszeit des katholischen Herzogs Carl Alexander protestantische Oppositionelle getroffen haben. Über hundert Jahre später soll dann der russische Komponist und Pianist Arthur Rubinstein hier einige heimliche Stunden mit einer Angebeteten verbracht haben.

An dem Haus Hasenbergsteige 20 gelangt man über eine abwärts führende Staffel zur Schwabstraße. An der nächsten Kreuzung mit der Reinsburgstraße findet man die Haltestellen der *Buslinien 42* und *92*, ein Stück weiter die Schwabstraße hinab gelangt man zur S-Bahn-Haltestelle »Schwabstraße«.

Haltestelle »Schwab-/Reinsburgstraße«, Buslinien 42 und 92

X

Karlshöhe
343
Rotebühl-
Augustenstr.
Hohenzollernstr.
Mörike-
Arminstr.
Tübinger Str.
Hauptstätter Str.
Marienstr.
Furtbachstr.
Gerberstr.
Wilhelms-pl.
Österreich.-Pl.
Weißenburgstr.
Heusteig-
Mozartstr.
Immenhofer
Olgastr.
Cotta-str.
Römer-
Markus-pl.
Filder-str.
Böblinger Str.
Liststr.
List-str.
Lehen-str.
Stroh-berg
Zellerstr.
Tulpen-
Zeller
Krapfstr.
Alexanderstr.
Neue Weinsteige
Weinsteige
Böheim-str.
Taubenstr.
Frauenstr.
Schreiberstr.
Eierstr.
Kelterstr.
Kloß-
Karl-Kloß-Str.
Pfaffenweg
Alte Weinsteige
Auf dem Haigst
B14
Tunnel
B 27
Obere Wald
434
Hahn
Meistersingerstr.
Leonorenstr.
Lohengrinstr.
DEGERLOCH
Obere Weinsteige
Jahnstr.
Heinestr.
Felix-Dahn-
Pfaff-
Erw.-Bälz-Str.
Reutlinger Str.
Löwenstr.
Ahorn-
Hainbuchenweg
Waldstr.
Silberpappelweg
Erlenweg
Eibenweg
Kiefernweg
Rubensstr.
Löffelstr.
Albstr.
Leinfeldener Str.
Bez. R
Karl-
Große
Regirenstr.
Bodelschwinghstr.
Peregrinastr.
Krämer-Str.
0 1 : 15 000 500m
X 1 2 3 4 5 6 7 8 9 10

Herzensbrecher auf der Flucht

Auf der romantischen Weinsteige zum Marienplatz

Ihr sichergebaueten Alpen ...

Und Stuttgart, wo ich
Ein Augenblicklicher begraben
Liegen dürfte, dort,
Wo sich die Straße
Bieget, und
Um die Weinsteig,
Und der Stadt Klang wieder
Sich findet drunten auf ebenem Grün
Stilltönend unter den Apfelbäumen

(Friedrich Hölderlin)

So pries der große schwäbische Hymnendichter Friedrich Hölderlin in dem Gedichtfragment »Ihr sichergebaueten Alpen« die Alte Weinsteige. Er möchte hier begraben liegen, und braucht also kein »Neapel sehen und sterben!«, sondern bloß den Blick auf Stuttgart mit grünen Wiesen und Apfelbäumen. Ob es Ihnen ebenso ergeht? Jedenfalls ist die Alte Weinsteige, auf der heute die Zahnradbahn Degerloch mit Stuttgart-Süd verbindet, bekannt für ihre wunderschönen Ausblicke auf den Stuttgarter Talkessel. Wie Hölderlin ließen sich viele Dichter und Schriftsteller davon zu lobenden Beschreibungen hinreißen. Zudem war die Alte Weinsteige bis zum Beginn des 19. Jahrhunderts berühmt als Teil einer überregionalen Handels- und Reisestraße, der sogenannten Schweizer Straße, die von Frankfurt über Stuttgart in die Schweiz führte.

Stadtbahnhaltestelle »Degerloch«

Ⓧ

❶

Bevor wir von der unterirdischen *Stadtbahnhaltestelle »Degerloch«* ans Tageslicht gelangen, begegnen wir zunächst an der der *Rolltreppe zur Epplestraße* der Skulpturengruppe »Die Weiber von Degerloch« des Bildhauers Wolfgang Thiel, drei skurrile, knallbunte Damen aus Majolikakeramik. Die haben sicher einigen Spott auszuhalten, denn sonderlich klassisch sind ihre

Drei skurrile Damen, die von Peter Schlack bedichtet wurden, begrüßen die Stadtbahnfahrer in Degerloch.

Proportionen nicht. Der Stuttgarter Mundartdichter, bildende Künstler und Jazzmusiker Peter Schlack hat diesen Damen ein schönes Gedicht gewidmet:

Ets sen dia drei
poschtmoderne Hupfdohla
doch noch d Weinsteig ruff komma

Halba heh
hen se sich
ondram Ritter nòhpflanzt
ond sich oba romm glei frei gmacht

Dò denkt mancher Degerlocher
uff am Weg ens Gschäft
ben i froh
daß-e koene von denne Blòdra
dahoem han mueß

Aber vielleicht gòht
em oana oder andra Mädle
aus am Flecka
durch da Kopf
ob net des gstroefte Hematle
wo de oe òhòht
äbbas fir d Disco uff Tenneriffa wär
(natirlich iberm Busa traga –
z erscht)

Uff jeden Fall
sen se ets dò
ond lang dauerts nemme
nòh dät oem äbbas fehla
morgens
uff am Weg ens Geschäft
wenn se gega Vaihinga zua
vrschwende dätet

Wir entfernen uns wieder von den drei netten Damen und gehen die Rolltreppe hoch zum restaurierten Fachwerkbau in der *Epplestraße 2* mit den beiden Gaststätten »Pilsstube Ritter« und »Il Mulino«.

Epplestraße 2

2

Die Alte Weinsteige war Teil der sogenannten »Schweizer Straße«, einer wichtigen Handelsstraße, die seit dem 14. Jahrhundert – von Frankfurt kommend – durch Stuttgart über die heutige Epplestraße weiter über die Fildern nach Tübingen und Rottweil und schließlich bis nach Schaffhausen führte. Seit jener Zeit befand sich hier in dem Fachwerkbau der Gasthof »zum Ritter« mit Stallungen und Gästezimmern. Er war

Hinfahrt	Stadtbahnlinie U5 und U6, Zahnradbahn Linie 10, Haltestelle »Degerloch«.
Rückfahrt	Stadtbahnlinien U1 und U14, Zahnradbahn Linie 10, Haltestelle »Marienplatz«.
Länge	4 Kilometer.
Dauer	2 Stunden.
Einkehr-möglichkeiten	**Restaurant »Il Mulino«,** Epplestraße 2–4, Telefon (07 11) 8 82 54 14. **Café »Kaiserbau«,** Marienplatz 12, Telefon (07 11) 633 83 83.

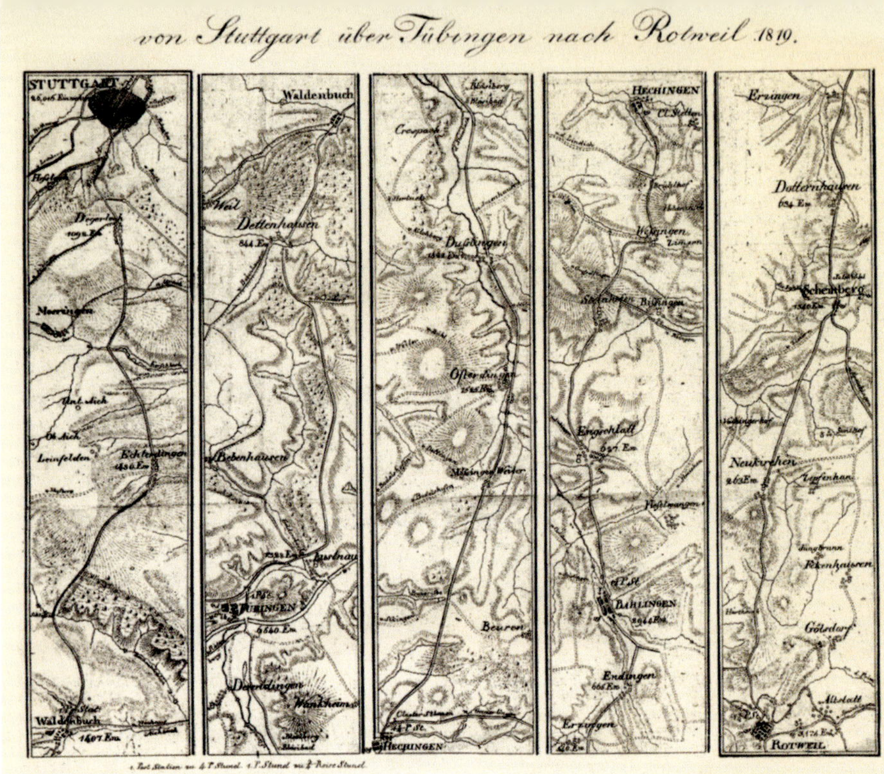

Eine Postroutenkarte aus dem Jahr 1819, auf der die Schweizer Chaussee von Stuttgart nach Rottweil eingezeichnet ist.

eine wichtige »Umspannstation«, das heißt, dort wurden nach dem steilen Anstieg die Pferde ausgewechselt. Auf dem modernen Nachfolger der alten Handelsstraße, der B 27, die auf einer etwas anderen Strecke auch heute noch bis Schaffhausen verläuft, rauscht der Verkehr hier recht unromantisch an uns vorbei. Ob allerdings die Reise vor zweihundert Jahren in der gemütlich dahinzuckelnden Postkutsche angenehmer und inspirierender war, darf bezweifelt werden.

Ein weitgereister Verleger, Johann Georg Heinzmann, beschwerte sich 1793 über »phlegmatische Postknechte«, »das unbequeme, enge Sitzen« und den »pestilenzartigen Gestank unsauberer Reisegesellschafter«. Die schlechten Straßen waren darüber hinaus nicht selten eine Gefahr für Leib und Leben. Doch zumindest hatte man mehr Zeit. Goethe brauchte im Jahre 1797 bei einer Fahrt von Stuttgart nach Waldenbuch drei Stunden. Außerdem musste er nicht selbst kutschieren, das machte ja der Schwager hoch auf dem gelben Wagen. Der einfache Knecht allerdings, die Magd oder der Student gingen alle auf Schusters Rappen, also zu Fuß.

Ein anderer Reisender war einige Jahre später auf der Schweizer Straße in der Postkutsche unterwegs: der Dichter Nikolaus Lenau, 1802 in Ungarn geboren und 1850 in Oberdöbling bei Wien gestorben. Über dessen Fahrt schreibt Gerhard Raff, der Degerlocher Historiker und Schriftsteller, in seinem Band »Herr, schmeiß Hirn ra«:

[...] Em Mai 1832 isch'r mit dr Postkutsch amol uff dere Schweizer Straß, wo bei Degerloch an dr Stoig afangt, ge Balinge gfahre en dr Nacht, ond so richtig romantisch isch's gwä wie em Kino bei dene Heimatschnulze. Ond da hat der Postilljo uff oimal ghalte an dem Kirchhof von Steinhofe schräg vis-à-vis vom Hohenzollern, ond wie die Leut rausguckt hend, was eigentlich los isch, hat'r gsait: Reget uich net uff, dahübe leit mei Kamerad vergrabe, ond drsell isch so a lieber Kerle gwä, daß i da jedesmol halte mueß. Ond no hat'r sei Posthorn gnomme ond dem Freund zom Grueß dem sei Leib- ond Magelied blase.

Auf Hochdeutsch dichtete Lenau über diesen bewegenden Moment in dem Gedicht »Der Postillion«:

Was ist schöner? Eine Fahrt mit dem ICE oder mit der Postkutsche? Diese Tübinger Postkutsche auf der Neuen Weinsteige in Stuttgart wurde um 1835 gezeichnet.

Romantisch wie eine Heimatschnulze im Kino: das Gedicht »Der Postillion« von Nikolaus Lenau. Das Aquarell von Mariette Zoeppritz zeigt Lenau um 1835.

Der Postillion

[…]

Halten muß hier Roß und Rad,
Mags euch nicht gefährden;
Drüben liegt mein Kamerad
In der kühlen Erden!
Ein gar herzlieber Gesell!
Herr, 's ist ewig schade!
Keiner blies das Horn so hell
Wie mein Kamerade!
Hier ich immer halten muß,
Dem dort unterm Rasen
Zum getreuen Brudergruß
Sein Leiblied zu blasen!

[…]

Weiter ging's durch Feld und Hag
Mit verhängtem Zügel;
Lang mir noch im Ohre lag
Jener Klang vom Hügel.

Falls Sie heutzutage einmal auf der B 27 in Steinhofen zwischen Hechingen und Balingen vorbeikommen sollten, schauen Sie sich an der Steinhofener Kirche das Denkmal mit Auszügen aus dem Gedicht und den nahegelegenen Lenaubrunnen an.

Bevor wir nun auf die eigentliche Alte Weinsteige stoßen, machen wir einen kleinen Umweg und laufen – anstatt an der B 27 – durch ein ruhiges Wohngebiet. Dazu gehen wir wieder in die Unterführung der Stadtbahnstation und gelangen auf der anderen Seite zum Wohnhaus *Josefstraße 10* im Schatten eines wuchtigen Bankgebäudes.

Josefstraße 10

3

Das Wohnhaus wurde 1898 erbaut, 1916 kaufte es ein Sohn von Karl Gerok. Karl Gerok selbst, der 1815 in Vaihingen an der Enz aufwuchs und 1890 in Stuttgart verstarb, hieß damals der »Sänger von Stuttgart«. Er war durch seine geistlichen Gedichte Ende des 19. Jahrhunderts der bekannteste Pfarrer Württembergs. Sein berühmtester Band mit dem Titel »Palmblätter« erreichte damals über hundert Auflagen. In gutbürgerlichen Häusern bekam man damals zur Konfirmation mindestens drei Prachtbände dieser »Palmblätter« geschenkt, so beliebt und populär waren Geroks Dichtungen. Hermann Hesse erwähnt in einem Brief 1960 einen – heute politisch nicht mehr ganz korrekten – Schüttelspruch, den man in seiner Jugend zum Besten gab:

Um 1900 war Karl Gerok der bekannteste Pfarrer weit und breit. Er wurde auch »der Sänger Stuttgarts« genannt.

Was ist der Unterschied zwischen einem Konfirmanden in Stuttgart und einem ebensolchen in Kamerun?

Antwort: der Stuttgarter bekommt Palmblätter von Gerok und der Kameruner einen Gehrock von Palmblättern.

Selbst Thomas Mann kam in seinem Roman »Buddenbrooks« nicht umhin, den jungen Hanno Buddenbrook zu Weihnachten aus den »Palmblättern« lesen zu lassen.

Karl Gerok marschierte als Tübinger Student der Theologie oft und gerne über die Schweizer Straße durch den Schönbuch in seine Heimatstadt Stuttgart. In seinen Jugenderinnerungen berichtet er darüber:

Wir aber marschierten in den Weihnachtsferien, um von den kurzbemessenen Feiertagen nichts zu verlieren, bald nach Mitternacht aus der Musenstadt weg, wanderten im kalten Mondschein plaudernd und lachend durch die Wälder und Felder, frühstückten morgens um sechs Uhr im Hirsch zu Echterdingen unser Sauerkraut mit Schweinefleisch und rückten in Stuttgart ein, wenn die verschlafenen Residenzler eben ihre Fensterläden öffneten. Oder wenn man am goldenen Spätsommerabend mit staubbedecktem Schuhwerk von den rebenumkränzten Höhen der Weinsteige hinabstieg ins geliebte Thal, aus welchem die ehrwürdige Stadt durch den rosigen Abendduft heraufdampfte: wie beflügelte sich der müde Schritt noch am Ziele, wie grüßten vornehm die breiten Straßen, wie einladend klang aus offenen Fenstern über blumige Balkone Klavierspiel und Gesang!

Wer von der guten alten Zeit träumt, möge Geroks Tour einmal nachmachen: um Mitternacht aus Tübingen hinauswandern und dann morgens um sechs Uhr Schweinefleisch mit Sauerkraut im »Hirsch« zu Echterdingen frühstücken. Romantischer geht's nimmer. In dem Haus Josefstraße 10 wohnt heute übrigens ein Urenkel von Karl Gerok.

Josefstraße 19

4

Wir biegen nun weiter abwärts rechts in den *geteerten Fußweg* ein, der immer noch *Josefstraße* heißt. Etwa bei *Josefstraße 19* hat man den ersten schönen Fernblick.

Bei guter Sicht erkennt man am Horizont die Höhen des Strombergs. Zur Romantik fehlt an diesem Ort nur noch ein schönes Schloss oder eine Burgruine. Viele von den über vierzig burgähnlichen Befestigungsanlagen, die im 13. und 14. Jahrhundert auf heutigem Stuttgarter Stadtgebiet standen, wurden bei den Auseinandersetzungen der Grafen von Württemberg mit den Reichsstädten zerstört, an vorderster Front betätigten sich die »bösen« Esslinger.

Einer der größten Haudegen Württembergs war Graf Eberhard II., der von 1344 bis 1392 herrschte. Er hieß »der Greiner«, also der Zänker, oder auch Graf Eberhard der Rauschebart. Über ihn hat Ludwig Uhland, der 1787 in Tübingen geborene Dichter, einen umfangreichen Gedichtzyklus verfasst. Begonnen hat er ihn nach eigenen Aussagen im Jahre 1814 auf der Schweizer Straße zwischen Tübingen und Stuttgart:

Ist denn im Schwabenlande verschollen aller Sang,
Wo einst so hell vom Staufen die Ritterharfe klang?
Und wenn er nicht verschollen, warum vergißt man ganz
Der tapfern Vater Thaten, der alten Waffen Glanz?
[...]
Brich denn aus deinem Sarge, steig aus dem düstern Chor
Mit deinem Heldenlohne, du Rauschebart, hervor!
Du schlugst dich unverwüstlich noch greise Jahr entlang;
Brich auch durch unsre Zeiten mit hellem Schwerteskland!

Falls Sie Eberhard den Rauschebart und seinen Sohn Ulrich näher kennenlernen wollen, brauchen Sie sich nur in den im Gedicht benannten Chor in der Stuttgarter Stiftskirche zu begeben. Dort liegen beide begraben. Doch bitte leise sein,

Die Weinlage Scharrenberg unterhalb von Degerloch ist ein landschaftliches Kleinod.

sonst kommen sie hervorgebrochen mit hellem Schwertesklang!

Wir spazieren nun weiter die *Josefstraße* hinab, die in die *Lohengrinstraße* übergeht und biegen dann links in den *Elsaweg* und schließlich rechts in die *Leonorenstraße* ein. Diese laufen wir weiter, bis wir auf Höhe der *Leonorenstraße 11* zu den ersten Weinstöcken der Degerlocher Weinberglage »Scharrenberg« kommen. Von hier hat man einen schönen Blick über das Nesenbachtal bis nach Vaihingen hinüber. Dieser Ort lenkt unsere Aufmerksamkeit zu Justinus Kerner, einem weiteren bekannten württembergischen Dichter des 19. Jahrhunderts. Eines seiner beliebtesten Gedichte trägt den Titel »Wanderlied«. Kerner hat es nach eigener Aussage im »Hirsch« zu Echterdingen verfasst, dort, wo Jahre später Gerok sein Schweinefleisch mit Sauerkraut aß:

Leonorenstraße 11

5

Zu Echterdingen schrieb ich es im Wirtshaus für die Langweile auf, und als ich weiter ging, sang ich es auf der Straße vom Blättchen mit eigener Melodie ab. Da kam ein Handwerksbursche die Straße her, der lief auf mich zu und bat mich sehr höflich, doch ihm dieses Lied zu geben. Da vergaß ich, dass es noch nicht gefeilt war und gab es in die Welt hinaus.

Das von Robert Schumann vertonte Gedicht beginnt mit einem Gläsle Wein:

Wanderlied

Wohlauf! noch getrunken
Den funkelnden Wein!
Ade nun, ihr Lieben!
Geschieden muß sein.

Ade nun, ihr Berge,
Du väterlich Haus!
Es treibt in die Ferne
Mich mächtig hinaus.

Die Sonne, sie bleibet
Am Himmel nicht stehn:
Es treibt sie durch Länder
Und Meere zu gehn.

Die Woge nicht haftet
Am einsamen Strand,
Die Stürme, sie brausen
Mit Macht durch das Land.

[...]

Der Gasthof »Hirsch« war im 19. Jahrhundert in der Gegend so etwas wie der Nabel der Welt. Es gab das geflügelte Wort: »Wenn wir uns auf der Welt sonst nicht mehr sehen, im ›Hirsch‹ zu Echterdingen treffen wir uns.« Neben den schon erwähnten Karl Gerok und Justinus Kerner waren Geistesgrößen wie der Schweizer Philosoph Johann Caspar Lavater und Friedrich Schiller dort, ebenso kehrten Uhland oder auch Goethe auf seinen Reisen durch Württemberg hier ein.

Wir verlassen die schön terrassierte Weinlage und gehen etwa dreißig Meter die *Leonorenstraße* zurück, bis linker Hand ein *Fußweg* die Treppen hinaufführt. Diese *Staffel* ist mit den Zeichen des *Stuttgarter Rössleswegs* und des *Heslacher Blaustrümpflerwegs* markiert. An der nächsten Straßenkreuzung gehen wir halbrechts in die *Figarostraße* und an ihrem Ende erreichen wir nun endlich die *Alte Weinsteige*.

Alte Weinsteige

Der Blick fällt auf die Betonbrücke, auf der sich die Zahnradbahn – im Volksmund »Zacke« – über die Bundesstraße schwingt.

1884 wurde die Strecke der Zahnradbahn in nur drei Monaten gebaut. Ganz Stuttgart war bei der Eröffnung am 23. August dabei. Und ein damals veröffentlichtes Gedicht bringt die Freude zum Ausdruck:

Den Zweiflern zum Wunder, zum Trotze den Spöttern,
hört man sie lustig rasseln und wettern,
über luftige Brücken, bergab und bergan,
die Degerloch-Stuttgarter Zahnradbahn.
[...]

»Die schwäbische Dichterschule« vereint im Kernerhaus in Weinsberg: Theobald Kerner, Nikolaus Lenau, Gustav Schwab, Graf Alexander von Württemberg, Karl Mayer, Justinus Kerner, Friederike Kerner, Ludwig Uhland, Karl August Varnhagen von Ense. Man beachte die »tragende Rolle« von Friederike Kerner, Justinus Kerners Gattin. Aquarellierte Federzeichnung

Alte Weinsteige 98

6

Wir freuen uns mit und gehen links die *Alte Weinsteige* bis zur Adresse *Alte Weinsteige 98* gegenüber der Haigstkirche.

Hier lebte von 1979 bis zu seinem Tod 1990 jemand, dem sich bei »alten Kamellen« wie den Gedichten von Lenau, Kerner oder Uhland vermutlich der Magen umgedreht hätte: die schillernde Kultfigur des Stuttgarter Kulturlebens der 1950er- und 1960er-Jahre, der streitbare Universitätsprofessor Max Bense. Er hatte von 1950 an bis 1978 den Stuttgarter Lehrstuhl für Philosophie und Wissenschaftstheorie inne. Seine lebendigen und provokanten Vorlesungen begeisterten nicht nur die Studenten, sondern die ganze Stuttgarter Intellektuellenszene. Alles pilgerte damals in den Tiefenhörsaal des Kollegiengebäudes II. Die einen fühlten sich erwählt, wenn der Meisterdenker sie beachtete, die anderen hielten ihn für Herrn Satan persönlich. Er stand in engem Kontakt mit zeitgenössischen Schriftstellern, schrieb selbst Romane und veranstaltete Kunstausstellungen.

Sein Verhältnis zu Stuttgart war dadurch gekennzeichnet, dass er eigentlich keines hatte: »Daß Stuttgart eines Tages nur ein Ort meiner Füße sein wird«, ist ein vielzitierter Ausspruch von ihm. Bense wohnte hier im zweiten Stock, zusammen mit seiner

So kreuzte die Zahnradbahn zwischen Marienplatz und Degerloch die Neue Weinsteige im Jahre 1906. Auch heute hört man sie zuweilen noch rasseln und rumpeln.

Max Bense und Elisabeth Bense-Walther im »konkreten Zimmer« im Haus Alte Weinsteige 98

Frau Elisabeth Walther-Bense, die ab 1956 seine Assistentin und von 1969 bis 1983 selbst Professorin an der Stuttgarter Universität war. Im ersten Stock befand sich das »konkrete Zimmer«: ein kleiner Ausstellungsraum mit Objekten der sogenannten »konkreten Kunst«, mit Bildern, Plakaten sowie Steinen, Kristallen und Edelsteinen, denn Bense hatte auch Geologie studiert. Noch »konkreter« erinnert heute der »Max-Bense-Saal« in der Stadtbücherei Stuttgart im Wilhelmspalais an ihn.

Santiago-de-Chile-Platz

7

Wir passieren die Haltestelle der Zahnradbahn, überqueren die Straße Auf dem Haigst und kommen zum *Santiago-de-Chile-Platz,* der wieder eine wunderschöne Aussicht bietet. Mit uns schaut eine Moai-Skulptur den Hang hinunter, die für die Kunst der Osterinseln vor der Küste Chiles berühmt sind. Früher waren die Hänge vollständig mit Weinbergen besetzt, heute erblickt man an der Neuen Weinsteige noch einen schön gepflegten Rest.

Selbst der große österreichische Schriftsteller Robert Musil konnte sich dem Zauber dieses Anblickes nicht entziehen. Musil, der 1880 in Klagenfurt geboren wurde und durch seinen großen Roman »Der Mann ohne Eigenschaften« berühmt wurde, wohnte 1903 für einige Monate in Degerloch, denn er arbeitete als Praktikant in der Materialprüfungsanstalt der Technischen Hochschule in Stuttgart-Berg. In einer Erzählskizze aus den zwanziger Jahren »Der Sommeraufenthalt. Zwei

Der österreichische Dichter Robert Musil lebte 1903 einige Monate in Degerloch.

Genies« beschreibt Musil eine Autofahrt entlang der Neuen Weinsteige:

Als Peter mit seiner Frau und mit einem Kajütenkoffer voller Büchern unter dem anderen Gepäck in Stuttgart eintraf, führte sie ein Mietauto in Kletterschlingen die sonnige Berglehne nach Degerloch hinauf – zwischen Wein und Villen hindurch – das damals ein reizendes Dorf war, welches wie aus einem hohen Baumwipfel auf die Stadt hinabsah.

Bei dieser wunderbaren Aussicht kann man vielleicht noch erahnen, was wiederum Karl Gerok empfunden hat, als er ein begeistertes Gedicht über Stuttgart schrieb, dessen Anfang früher viele Stuttgart-Postkarten zierte:

Gruß an Stuttgart

Da liegst Du nun im Sonnenglanz
Schön, wie ich Dich je sah,
In Deiner Berge grünem Kranz,
mein Stuttgart wieder da,
liegst da, vom Abendgold umflammt,
im Tale hingeschmiegt.
gleichwie gefaßt in grünem Samt
ein güldnes Kleinod liegt!
[...]

Der Berliner Schriftsteller und Verleger Friedrich Nicolai, ein berühmter Zeitgenosse von Goethe und Schiller, machte 1781 eine Reise nach Süddeutschland, die er dann unter dem Titel »Unter Bayern und Schwaben« veröffentlichte. Darin schwärmt auch er in den höchsten Tönen über den Ausblick an dieser Stelle:

Wir verließen Stuttgart am Sonntag, den 22. Juli, nachmittags, in Gesellschaft des Herrn Professors Abel. Der Weg nach Tübingen geht bergan, die schroffe Weinsteige langsam hinauf. Wenn man zurücksieht, erblickt man Stuttgart im Tale, von lachenden Weinbergen umringt. Sowie die Straße sich mit der Weinsteige von Stuttgart weg wendet, verändert sich die Szene und wird noch herrlicher. Die weite Aussicht wurde oft von grünen Hecken verdeckt und öffnete sich immer schöner, sonderlich da sie damals sehr vorteilhaft von der Sonne beleuchtet war. Ziemlich hoch, beinahe auf dem Rücken des Berges wendet sich der Weg links in ein sehr angenehmes Wäldchen. Nun verschwand Stuttgart vor unsern Augen, und es blieb nur noch die Aussicht nach den

Auch die Moai-Skulptur von den Osterinseln genießt die herrliche Aussicht vom Santiago-de-Chile-Platz in Degerloch.

weit entfernten Bergen in der Gegend von Hohenasperg. [...]

Man sah in dieser Gegend einen versperrten Weg zu dem so berühmt gewordenen Schlosse Hohenheim, den niemand außer dem Herzog befahren durfte.

Haben Sie schon einmal »lachende Weinberge« gesehen? Wahrscheinlich nicht. Aber so drückte man sich damals aus. Vielleicht ist ja der Natur im Industriezeitalter zwischenzeitlich das Lachen vergangen.

Der versperrte Weg, den Nicolai erwähnt, ist das heutige Königsträßle, welches sich von hier als Verlängerung der Straße Auf dem Haigst über die Bundesstraße durch den Wald bis zum Schloss Hohenheim fortsetzt. Einen Monat vor Nicolai war besagter Herzog Carl Eugen eben auf diesem Weg unterwegs. Er speiste damals gern mit Franziska von Hohenheim unten in der Stadt in der Hohen Carlsschule. Deren berühmtester Schüler war Friedrich Schiller, der dort seinen Abschluss in Medizin machte. Diese Akademie befand sich an der Stelle des heutigen Akademiegartens hinter dem Neuen Schloss. Nachmittags fuhr man dann wieder zurück, doch nicht ohne gewisse Kalamitäten, wie uns Franziska in ihrem Tagebuch berichtet:

So öffnete sich um 1850 dem Betrachter Stuttgart von der Alten Weinsteige aus. Kolorierte Lithografie von Eberhard Emminger

Sonntag, d. 24. um halb 9 uhr geng es nacher Stuttgardt, dan geng es wie geweniglich in die Kirch [...] Alstan ging man von Stuttgardt weck, es Kam aber ein starkes wetter, daß man in Degerloch beym Zoll heisle abstieg, bies es verbey war, hir fur man nach gehens noch spatzieren der herzog klagden über Kopf we u. sausen in die ohren.

Das »Zoll heisle« war der Ort, an dem das Wegegeld für die Schweizer Straße erhoben wurde.

Dort konnte man aber auch einen Erfrischungstrunk einnehmen oder sich mit Kegeln die Zeit bei »starkem Wetter« vertreiben.

Wir vertreiben uns die Zeit, indem wir unsere Tour die Alte Weinsteige hinunter fortsetzen bis zum Restaurant »Wielandshöhe«, *Alte Weinsteige 71*.

Alte Weinsteige 71

8

Hier steht kein »Zoll heisle«, sondern ein Gourmet-Tempel. Seit 1991 betreibt der Starkoch Vincent Klink diese Lokalität. Aber wie in aller Welt kam es zu dem Namen Wielandshöhe? Hatte da womöglich bei der Benennung nicht auch ein Dichter seine Finger im Spiel, so wie bei der Uhlandshöhe oder der Geroksruhe? Im 1985 erschienenen Heimatbuch »Liebes altes Degerloch« steht eine kühne Behauptung: Demnach habe der »deutsche Scheffelbund«, eine literarische Gesellschaft zu Ehren des badischen Dichters Viktor von Scheffel, herausgefunden, dass hier einst eine Aussichtsbank stand, auf der der in der Nähe von Biberach aufgewachsene Rokokodichter Christoph Martin Wieland öfters mit einer Schönen aus Degerloch zusammengetroffen sei. Nüchterner und wahrscheinlicher: 1856 baute hier ein gewisser Wieland ein Häuschen und richtete eine Mosterei und eine kleine Wirtschaft ein, in der Filderbauern einkehrten, wenn sie ihr Kraut nach Stuttgart transportierten oder sich wieder auf dem Heimweg befanden.

Viel später, in den 1950er-Jahren, wurde ein schicker Neubau errichtet und die Wielandshöhe richtig mondän. Die damaligen Gästebücher sind prall gefüllt mit Künstlernamen wie Hans Albers, Lil Dagover, Hildegard Knef oder Caterina Valente. Und der große schwäbische Schauspieler und Komödiant Willy Reichert schrieb als Reverenz an den schönen Ort den tiefsinnigen Satz ins Buch: »So auf der Höhe sollte man immer sein.«

Doch auch Vincent Klink betätigt sich als Literat: Erst veröffentlichte er »kulinarische Literatur« in der Zeitschrift »Rübe«, gab danach »Cotta's literarischen Almanach« im Klett-Cotta-Verlag heraus, und seit 1999 publiziert er mit dem Schriftsteller Wiglaf Droste die vierteljährlich erscheinende Zeitschrift »Häuptling eigener Herd«. Schließlich und endlich wurde Vincent Klink selbst zur Romanfigur: In der Krimi-Satire »Der Mullah von Bullerbü«, erschienen im Jahr 2000, taucht Klink als Gefängniskoch auf.

Während wir weiter die *Alte Weinsteige* hinunterschlendern, erfahren wir, wie ein Tübinger Student der Theologie mitten im Winter mit einem Fuhrwerk nachts von Stuttgart nach Tübingen reist. Von diesem Abenteuer berichtet uns der fleißige Briefeschreiber und Dichter Eduard Mörike am 6. Februar 1824 in einem Brief an seine Mutter und die Schwester Luise.

Darin beschreibt er, dass er und sein Freund Buttersack (so hieß er wirklich!) bereits Schwierigkeiten bekamen, als sie aus dem Stadttor hinauswollten. Damals füllte die Stadt Stuttgart ihren Stadtsäckel nicht mit Parkgebühren, sondern mit Pflastergeld und Tor- oder Sperrgeld. Angemerkt sei auch: Der Fuhrmann von den Fildern, der »Hick und Fort«, Schwäbisch für »Hüüh!«, schreit, wird von Mörike als »Buschmann« bezeichnet. Damals lag Afrika anscheinend gleich hinter Degerloch:

Meine Geliebtesten! Es ist Nachmittag um Ein Uhr, da ich Euch dieses schreibe man läutet eben zur Kirche und ich bin allein auf meiner Stube. [...] Des Buschmanns »Hick und Fort« klang seltsam durch die stillen Gassen und ich wiegte mein Gehör halb noch träumend in dem einförmigen Trab des Gauls.

Am Thor kosteten wir 12 Kreuzer. »Zwölf Kreuzer!« rief Buttersack. Was? Das ist eine unbegreifliche – – – »Ich werde mich übrigens erkundigen«, sagte ich mit verstellter Wichtigkeit.

Nachdem die Weinsteige erklommen ist, gibt es in Echterdingen den nächsten Zwischenfall. Der »Buschmann« spürt einen verbotenen, aber unwiderstehlichen Drang in ein Wirtshaus zu springen:

Wirklich kam aber bald ein heftiger Stoß, Buttersack schrie und schlug mit der Peitsche, denn unser Kerl sprang im Dorf plötzlich an einer abschüssigen Gasse auf ein Wirtshaus zu, im Augenblick war Buttersack außen und brachte mit großer Mühe und wütender Stimme die Sache wieder zurecht.

Der Fuhrmann ist wieder eingefangen, doch vor Waldenbuch wird es furchtbar kalt und ungemütlich, so dass sich Mörike mit einer Art Schmusetuch seiner Verlobten Luise Rau notdürftig tröstet:

Sternekoch Vincent Klink ist nicht nur bekannt für seine hervorragende Küche, sondern auch für literarische Leckerbissen.

Auf der Höhe vor Waldenbuch fieng es an zu stürmen, daß die Wälder um uns her wörtlich sich zu »bäumen« schienen, und augenblicklich in Staubwolken von Schnee verschwanden, wodurch das Pferd ermüdet und häufig angehalten ward. Man sah nicht 20 Schritte vor sich und die Kälte unerträglich. In meinem Mantel versteckt hört ich

Kann ein Dichterfürst sich irren? Goethe verwechselte 1797 Heslach mit Gaisburg. Diese Radierung von Carl Urban Keller zeigt Heslach um 1804, gesehen von der Alten Weinsteige.

zuweilen blos Buttersacks zornige Stimme. »Willst wieder bessere Wegla suchen, dummer G'sell? Narr 's hüben wie drüben! Fort!« So ging es ohne alle Abwechslung fort; nur daß ich zuweilen nach dem Gestrickten von Luisen griff und mich wehmüthig damit tröstete.

Dann ist es endlich so weit. Nach über sieben Stunden ist Mörike in Tübingen und erholt sich am Nachmittag bei einer Zecherei mit seinen Kommilitonen.

Wir gehen nun weiter die *Alte Weinsteige* hinunter, kreuzen den *Pfaffenweg* und folgen der *Weinsteige*, bis sie weiter unten einen scharfen Knick nach rechts macht und nun sanfter abfällt, nach Stuttgart hinein. Direkt hinter der Rechtskurve schaut man vor der zum Haus *Alte Weinsteige 24* hinunterführenden Staffel auf Heslach hinab, das sich nun etwas weniger idyllisch zeigt als in der Ansicht von Carl Urban Keller von 1804. Lassen wir kurz auch den großen Johann Wolfgang von Goethe zu Wort kommen:

Alte Weinsteige 24

9

Goethe besuchte Stuttgart 1797 für einige Tage auf seiner zweiten Reise in die Schweiz und bedachte die Stadt schließlich in einem Brief mit seinem in Stuttgart berühmten überschwänglichen Lob:

[...] nun habe ich Tage hier verlebt, wie ich sie in Rom lebte.

Wie er in Rom die sieben Hügel bestiegen hatte, so spazierte er mit dem Stuttgarter Bildhauer Dannecker den Haigst

Herzensbrecher Giacomo Casanova flüchtete 1760 die Weinsteige hinauf, weil er seine Spielschulden nicht bezahlen konnte. Anton Raphael Mengs, »Presunto ritratto di Giacomo Casanova a 35 anni«, um 1760

hinauf nach Hohenheim. Goethe als Vertrauter von Herzog Carl August von Weimar bekam natürlich die Erlaubnis, den gesperrten Weg nach Hohenheim zu benutzen. Dabei kam er genau hier an dieser Kehre vorbei, denn er schrieb in sein Tagebuch:

Den 1. September war ich mit Herrn Professor Danneker in Hohenheim. Gleich vor dem Tor begegneten wir Österreichern, die ins Lager zogen. Gaisburg liegt rechts der Straße in einem schön bebauten und waldigen Grunde. Wenn man höher kommt, sieht man Stuttgart sehr zu seinem Vorteil in dem schönen Grunde liegen.

Gaisburg? Moment mal? Da unten liegt doch Heslach, vielleicht nicht mehr im schönen Grunde, aber mit dem schönen Marienhospital. Hat Goethe sich womöglich vertan? Erst 1921, also 124 Jahre später, wurde auf den Fehler des großen Dichterfürsten in den »Schiller-Blättern« des Schiller-Vereins Marbach aufmerksam gemacht.

Liststraße

Wir folgen nun der *Weinsteige,* bis wir die *Liststraße* überqueren und durch die Grünanlage weiter hinuntergehen, parallel zum Abzweiggleis der Zacke.

Hier, wo der Verkehr von der Hauptstätter Straße und der Einfahrt des Heslacher Tunnels heraufrauscht, sollten wir uns an einen Herrn erinnern, der mutmaßlich an einem Wirtshaus in der heutigen Hauptstätter Straße eine Kutsche nahm und mit ihr die Weinsteige hinauf aus Württemberg geflüchtet ist.

Bei dem Flüchtigen handelte sich um niemand Geringeren als Giacomo Casanova, den großen Abenteurer und Liebhaber der europäischen (Literatur-)Geschichte. Der Herzensbrecher besuchte hier im Jahre 1760 – wen wohl? – italienische Tänzerinnen, die am Hoftheater Carl Eugens angestellt waren. Nebst seinen Liebesaffären ging Casanova in Stuttgart auch seiner Spielleidenschaft nach und zockte mit drei württembergischen Offizieren – was ihn teuer zu stehen kam: Casanova dachte nämlich nicht im Traum daran, seine Spielschulden zu begleichen. Woraufhin ihn die Staatsmacht prompt unter Hausarrest stellte und ihm gar damit drohte, Zwangsdienst in der württembergischen Armee leisten zu müssen.

Doch es wäre nicht Casanova gewesen, hätte er keinen Ausweg aus der Malaise gefunden: Denn drei der mit ihm befreundeten Tänzerinnen kamen den Unglücklichen fleißig besuchen und trugen dabei unter ihren Röcken peu à peu sein Hab und Gut und seine Wertsachen aus dem Haus. Sodann überlistete er die Wache und schlich sich zu einer der Tänzerinnen, die direkt an der Stadtmauer wohnte. Dort ließ er sich aus einem der Fenster in den Morast hinabgleiten. Der Ehemann der Tänzerin (!), ein gewisser Balletti, ließ schließlich eine Kutsche für ihn an einem Gasthaus bereitstellen, mit der er dann seine Flucht fortsetzen konnte. Aber hören wir Casanova selbst in seinen Memoiren sprechen:

Wir wateten durch Schlamm, in den wir bis zu den Knien einsanken, krochen durch die Löcher für die Hunde in den Hecken oder Gattern, die dem Vieh den Weg versperrten, und erreichten nun recht erschöpft die Landstraße. […] [Wir] erreichten den Wagen, der bei einem einsamen Wirtshaus für mich bereitstand. Ballettis Diener saß darin. Er stieg sofort aus und sagte, der Postillion sei eben ins Wirtshaus gegangen und würde sofort wiederkommen, wenn er sein Bier ausgetrunken habe. Ich setzte mich gleich an seine Stelle, entlohnte ihn gut, und sagte zu seinem Herrn, sie sollten gemeinsam fortgehen und mir alles Weitere überlassen. […]

Zwei Minuten später trat der Postillion aus dem Wirtshaus und fragte mich, ob wir noch lang zu warten hätten; er glaubte, mit derselben Person zu sprechen, mit der er von Cannstatt abgefahren war. Ich ließ ihn im Irrtum und befahl ihm, nach Tübingen zu fahren, ohne zum Pferdewechsel

»Ob er im Ernste spricht?« Luise Rau als Gretchen. Zeichnung von Eduard Mörike

in Waldenbuch anzuhalten. Er gehorchte; ich aber lachte über sein Gesicht, das er in Tübingen machte, als er mich sah. Ballettis Diener war sehr jung und recht klein; als er behauptete, ich sei nicht derselbe, mit dem er abgefahren sei, antwortete ich ihm, er sei wohl betrunken. Zufrieden mit den zwei Gulden, die ich ihm als Trinkgeld gab, hielt er den Mund. Ich fuhr gleich weiter und hielt erst in Fürstenberg an, wo ich im Wirtshaus in Sicherheit war. […] die Töchter des Wirts ließen mich die drei Tage in jeder nur denkbaren Annehmlichkeit verbringen.

Wir beenden unseren Weg nun auf dem *Fangelsbachfriedhof*. Darf ich Sie zu einem kleinen, besinnlichen Dichterspaziergang auf diesem schönen Friedhof einladen?

Dazu folgen wir weiter dem Weg durch die Grünanlage bis zur *Filderstraße*. Dort biegen wir rechts ab, und gehen bis zur Markuskirche hinauf. Wir wechseln die Straßenseite und laufen an der Markuskirche vorbei die *Römerstraße* entlang, bis rechter Hand ein kleiner Seiteneingang zum *Fangelsbachfriedhof* auftaucht.

Fangelsbachfriedhof

10

Wir gehen den *Weg vom Eingangstor* etwa dreißig Meter geradeaus weiter und biegen dann bei einigen *großen Nadelbäumen* den *gepflasterten Weg* nach links ein. Am *Ehrenmal* vorbei geht es beim *nächsten breiteren Weg* wieder nach rechts. Wiederum nach etwa dreißig Metern stehen rechts am Weg *zwei große Bäume*. Vor dem zweiten Baum befindet sich in *der Grä-*

berreihe an dritter Stelle die Grabstätte der verwitweten Frau Pfarrer Schall geborene Rau.

Hier soll noch einmal Gerhard Raff zu Wort kommen, diesmal mit einer Erinnerung an »das Luisle von Plattenhardt«:

Früher, wo d'Leut no gscheiter gwä send, hat a jeder Schuelerbue gwißt, wer 's Luisle isch, 's Luisle Rau von Plattehardt. Jetz frag heut wieder, wer se kennt?!

Ihr Vatter isch Pfarrer gwä en dem Filderdorf mit dene viele Wilderer ond Messerstecher. Ond wie der Ma anno 1829 gstorbe isch, hend se en Vikar nach Plattehardt gschickt, ond der isch no koine 25 Jahr alt gwä ond hat Eduard Mörike ghoiße. Ond dem hat des Pfarrersmädle scho glei so saumäßig gfalle ond isch ganz aus'm Häusle gwä von dere, ond am 14. August 1829 hat'r sich verlobt mit dem Luisle Rau. Ond isch richtig selig gwä ond hat so feine Versle gmacht

Lageplan der Gräber von Luise Schall geborene Rau und Carl Schiller, dem Sohn Friedrich Schillers, auf dem Fangelsbachfriedhof

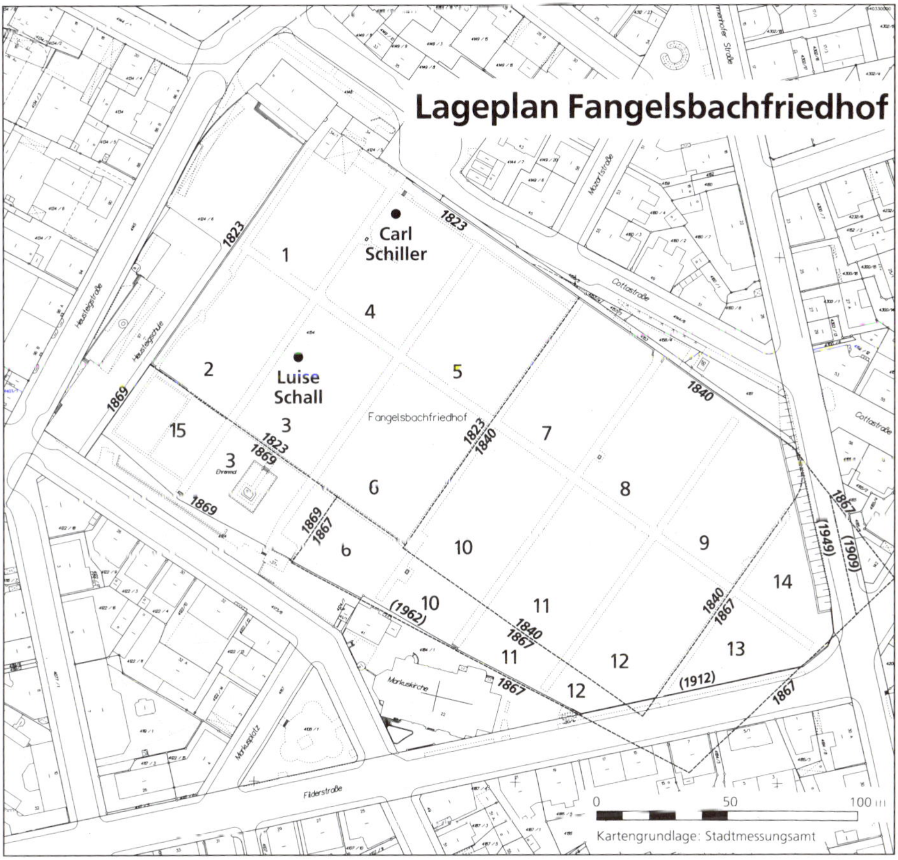

Das Grab der Nachfahren Friedrich Schillers auf dem Fangelsbachfriedhof: Schillers erster Sohn Carl, der Enkel Friedrich und dessen Frau Mathilde liegen hier. Ebenfalls auf dem Friedhof begraben ist Louise von Schiller, die Frau von Schillers Sohn Carl.

en dere Zeit ond Brief gschriebe, so scheene fendet mr sonst gar nemme.

Bildle geit's ja koi gscheits von dem Luisle, aber wenn se some Kerle wie em Mörike gfalle hat, no mueß se scho ebbes rechts ond a saubere Krott gwä sei. [...]

Fast vier Jahr isch des gange, daß se mitnander gange send, ond des Luisle wär no halt au gern gheirat gwä, scho wege de Leut, ond er hätt's jedefall au do, aber von dr Osterblichkeit ka mr net rafresse, no viel weniger Weib ond Kender verhalte.

Ond a bißle a Dagdieb isch der Eduard halt doch au gwä: Ond sui vielleicht au net ganz so gscheit wie er. Ond no isch's halt ame scheene Dag aus gwä zwische dene zwoi. Warom genau, woiß neamerts, sui hat nie ebbes verzählt, ond er hat au sei Maul ghalte. [...]

Erst fast mit fuffzich hat dr Eduard doch no oine gheiratet, ond sogar au no a Kadolische, aber isch net arg selig gwä mit dere. Ond hat oft an des Luisle denke müeße. Ond dui hat au no ewig ond a Weile gwartet mit'm Hochzichmache. Ond hat no den Pfarrer Schall gnomme, ond der hat sei Sach gschafft ond en rechte Zahltag hoimbracht. [...]

Kurz bevor sich Eduard Mörike und Luise Rau getrennt hatten, schrieb er ihr zum Geburtstag noch ein wunderschönes und ergreifendes Gedicht, woran man merkt, dass der Eduard, obwohl er ein »Dagdieb« gewesen sein mag, doch ein großer Dichter war:

Zum siebenundzwanzigsten Oktober

Nichts, o Geliebte,
Will ich dir wünschen;
Wünschen – was ist's?
Aber was mir als Wahrheit
Ein wahrhaftiger Geist entdeckte
Will ich heut nicht verschweigen.

Wie wer in klaren Nächten sich
In die vertieften
Blauen Gezelte
Der Gestirne verliert,
Da und dort bald
Immer neue
Dämmernde Lichter
Keimen sieht:
Also in deine
Kommenden Tage
Schauend gewahr ich
Eines verdienten
Lieblichen Glückes
Spätere Sterne;
Und es wandelt indes,
Wie durch ein Blütenfeld, dein Engel
Zwischen ihnen – die Demut, schweigsam,
Und behütet sie dir.
Aber ein Licht an deinem Himmel,
Das du lange schon kennst, Luise!
Laß mich bleiben, ein helles, treues!
Daß du, wenn alles nun hingerauschet,
Sagest: »Der hielt mir fest zum Tode!«

Auch die Zacke macht bisweilen Werbung für Bücher. Der Werbespruch lautet: »Nehmen Sie ein gutes Buch mit ins Bett. Bücher schnarchen nicht.«

Geht man anschließend den *Weg bis fast zum Ausgang* an der Cottastraße, fällt ganz am Ende rechts ein großer Grabstein auf. Darauf sind die Namen der Nachfahren eines der berühmtesten Schwaben geschrieben: Friedrich Schillers erster Sohn Freiherr Carl von Schiller, Schillers Enkel Freiherr Friedrich von Schiller und dessen Frau Mathilde, geborene von Alberti. In der Nähe liegt auch noch in einem gesonderten Grab die Frau von Schillers Sohn Carl, Friederike Louise, eine geborene Locher, begraben.

Dichter oder Schriftsteller sind weder Schillers Sohn noch Schillers Enkel geworden, Vater Schiller hätte es bei seinem erstgeborenen Sohn Carl gerne gesehen, schreibt er doch kurz nach dessen Geburt 1793:

So viel an mir liegt, soll er ein Federheld werden, damit er den zweiten Teil zu den Werken schreiben kann, die sein Vater anfing.

Doch Carl studierte Forstwissenschaften und wurde Oberförster, sorgte also dafür, dass der Grundstoff für Papier, das Holz, gut gehegt und gepflegt wird. So hat er auf seine Art in einem weiteren Sinne »Grundlagen« für Dichtkunst und Schriftstellerei gelegt. Carl Schiller fand keine Stellung im heimatlichen Weimar, deshalb ging er zurück nach Schwaben und wurde Förster in Altshausen, Reichenberg bei Backnang, Rottweil, Lorch und Neuenstadt.

Carl Schiller war ein einfacher, gemütlicher und lebenslustiger Mensch, der gerne im Wirtshaus in feuchtfröhlicher Runde saß. Eine nette Anekdote, die Carl Schiller selbst gerne erzählte, bringt dies zum Ausdruck: Darin wird berichtet, dass es der Oberlehrer der Lateinschule in Rottweil, die Carl Schillers Sohn Friedrich besuchte, gerne hatte, wenn die Eltern bei den Prüfungen in der Schule zugegen waren. So konnte der Lehrer zeigen, was er den Kindern beigebracht hatte. Eines Morgens kam daher auch Carl Schiller in die Schule, um zu sehen und zu hören, was sein Filius gelernt hatte. Zunächst übersetzte der kleine Friedrich sämtliche lateinischen Vokabeln anstandslos ins Deutsche. Doch als der Lehrer nach dem deutschen Wort für »silva«, also Wald, fragte, war der kleine Dichterenkel überfordert. Da half ihm der Lehrer auf die Sprünge: »Aber Friedrich«, soll er gesagt haben, »es bedeutet den Ort, den dein Vater regelmäßig aufsucht!« Da bekam der Sohn leuchtende Augen und ein Strahlen ging über sein Gesicht: »Jetzt weiß ich's, ›silva‹ bedeutet Wirtshaus! Das ist der Ort, wo mein Vater gern und oft hingeht!« Dem Lehrer war die Situation überaus peinlich, während die anderen Eltern und Carl Schiller selbst ein Lachen kaum unterdrücken konnten. Danach, so berichtet Carl Schiller, sei er schnell in seines Sohnes »silva« marschiert und habe den Vorfall seinen Stammtischgenossen zum Besten gegeben.

Friedrich wiederum brachte es zum Major in der Österreich-Ungarischen Armee. Mit 37 Jahren wurde er wegen seiner Kurzsichtigkeit in den Ruhestand versetzt und ging danach mit seiner Frau nach Bregenz. Dort pflegte er, wohl um nicht ganz aus der Art zu schlagen, Kontakt mit Dichtern wie Karl Gutzkow oder Viktor von Scheffel. 1874 zog es ihn und seine Frau nach Stuttgart, wo seine Mutter noch lebte, nachdem sein Vater dort seinen Ruhesitz gewählt hatte und verstorben war.

Cottastraße

Über den Ausgang zur *Cottastraße* verlassen wir den Fangelsbachfriedhof. Über *Cottastraße, Heusteigstraße* und *Filderstraße* gelangt man zum Endpunkt der Tour, dem *Marienplatz.*

Stadtbahnhaltestelle »Marienplatz«

X

Zum Weiterlesen

Stuttgart allgemein

Brandstätter, Horst/Holwein, Jürgen (Hrsg.): Stuttgart – Dichter sehen eine Stadt. Stuttgart 1989.
Ferchl, Irene: Stuttgart. Literarische Wegmarken in der Bücherstadt. Stuttgart 2000.
Landeshauptstadt Stuttgart (Hrsg.): Die Stuttgarter Straßennamen. Tübingen 2007.
Skrentny, Werner u. a. (Hrsg.): Stuttgart zu Fuß. 20 Stadtteil-Streifzüge durch Geschichte und Gegenwart. Tübingen 2006.
Treppauf, treppab in Stuttgart. Stäffeles-Spaziergänge und Verschnaufpausen. Tübingen 2006.

Tour 1

Abmayr, Hermann G. (Hrsg.): Sillenbuch & Riedenberg. Zwei Stadtdörfer erzählen aus ihrer Geschichte. Stuttgart 1995.
Greve, Ludwig: Wo gehörte ich hin? Geschichte einer Jugend. Frankfurt am Main 1994.
Haag, Anna: Leben und gelebt werden. Erinnerungen und Betrachtungen. Tübingen 2003.
Heidemann, Leni: Der Bruder. Gerlingen 1988.
Mende, Dirk: Wer weiss, ob's wahr ist. Eine unerhörte Geschichte aus Geschichten in Geschichten und Gedichten samt einem ganzen Stücklein heisset »Das entschwundene Lachen«. Stuttgart; Berlin 2001.
Müller, Hans-Georg: Aus 3 Dörfern wächst ein Stadtbezirk. Heumaden, Riedenberg, Sillenbuch. Stuttgart 2001.
Müller, Hans-Georg: Lebendige Ortsgeschichte aus Heumaden, Riedenberg und Sillenbuch. Stuttgart 2007.
Osterberg, A. (Hrsg.): Tagebuch der Gräfin Franziska von Hohenheim, späteren Herzogin von Württemberg. Reutlingen 1981.
Rommel, Manfred: Ganz neue Sprüche & Gedichte und andere Einfälle. Stuttgart 2004.
Walser, Martin: Brandung. Frankfurt am Main 1985.

Tour 2

Arbeitskreis Botnanger Heimatgeschichte (Hrsg.): Der Zirkel. Botnanger Heimat Nr. 13. Loseblattsammlung, Botnang 1989.
Döhl, Reinhard: Aus den Botnanger Sudelheften. Ein Notizbuch. Stuttgart 1982.
Gestrich, Andreas: »Aufwiegler, Rebellen, saubere Buben«. Alltag in Botnang. Geschichte eines Stuttgarter Stadtteils. Stuttgart; Leipzig 2000.
Heißenbüttel, Helmut: Das Sagbare sagen. eine Auswahl aus dem Werk. Stuttgart 1998.
Joly, Jean-Baptiste: Johann Caspar Schiller auf der Solitude. Spuren 27. Marbach a. N. 1994.
Kiesen, Michael: Stuttgart, Frühlingsfest. Bielefeld 2006.
Krummacher, Hans-Henrik u. a. (Hrsg.): Eduard Mörike. Werke und Briefe. Historisch-kritische Gesamtausgabe. Band 16. Stuttgart 2000.
Lieblich, Karl: Rausch und Finsternis. Remscheid 2006.
Müller, Karla (Hrsg.): Spielpfennige. Nachdenkenswertes aus Schriften und Zeitschriften Wilhelm Ludwig Wekhrlins. Berlin 1990.
Stephan, Susanne: Von Blumenmalern und Rosentauchern. Stuttgart 2007.

Tour 3

Faerber, Peer-Uli: Der Stadtinspektor. Stuttgart 1988.
Handke, Peter; Lenz, Hermann: Berichterstatter des Tages. Briefwechsel. Frankfurt am Main 2006.
Heinz, Eugen: Feuerbacher Talkrabb-Geschichten. Historisches und Erzähltes aus 900 und mehr Jahren. Stuttgart 1975.
Heuss, Theodor: Von Ort zu Ort. Wanderungen mit Stift und Feder. Tübingen 1959.
Jendricke, Bernhard: Alfred Andersch. Mit Selbstzeugnissen u. Bilddokumenten. Reinbek bei Hamburg 1988.
Klinckerfuß, Margarete: Aufklänge aus versunkener Zeit. Urach 1947.
Lenz, Hermann: Zeitlebens. Gedichte. München 1981.
Lenz, Hermann: Tagebuch vom Überleben und Leben. Frankfurt am Main 1978.
Schlesak, Dieter: Vaterlandstage und die Kunst des Verschwindens. Zürich; Köln 1986.
Stockinger, E. G.: Der Märchenberg. Märchen aus dem schönen Stuttgart. Stuttgart 1994.
Vring, Georg von der: Die Gedichte. Ebenhausen bei München, 1996.

Tour 4

Abmayr, Hermann G.; Weitz, Ulrich (Hrsg.): Alltag macht Geschichte. Stuttgart-Rohracker: Eine andere Heimatkunde. Stuttgart 1990.
Bodenhöfer, Gotthilf: Burg Rohreck, Mönch Fridolin und der Eselweg. Geschichten und Überlieferungen aus und über Rohracker. Stuttgart 1997.

Fernsehturm-Betriebs-GmbH (Hrsg.): Vom Wagnis zum Wahrzeichen. 50 Jahre Fernsehturm Stuttgart 1956–2006. Stuttgart 2006.
Frahm, Eckart: Das große Josef Eberle Sebastian Blau Lesebuch. Stuttgart; München 2001.
Lehmann, Christine: Allmachtsdackel. Hamburg 2007.
Projekt Zeitgeschichte im Kulturamt d. Landeshauptstadt Stuttgart (Hrsg.): Friedrich Wolf. die Jahre in Stuttgart 1927–1933. Stuttgart 1983.
Pfau, Ulli: Das Horst-Stern-Lesebuch. München 1992.
Döhl, Reinhard: Hermann Finsterlin, eine Annäherung. Stuttgart 1998.
Steinfest, Heinrich: Ein sturer Hund. München 2003.
Weitbrecht, Carl: Württemberg wie es war und ist. Geschildert in einer Reihe von vaterländischen Erzählungen aus Württembergs ältesten Tagen bis auf unsere Zeit. Stuttgart 1898.

Tour 5

Bassler, Siegfried: Heimatbuch Heslach. Stuttgart 1985.
Dinter, Stefan, Matthias und Jan: Die Kleinen Mutterficker 05: Life @ San Quentin. Hamburg 2006.
Fearn, Naomi: Zuckerfisch – im eigenen Saft. Hamburg 2006.
Harbusch, Ute: Arthur Rimbaud in Stuttgart (1875). »Die Neckarschlacht«. Spuren 51. Marbach a. N. 2000.
Keller, Helmut (Hrsg.): Johann Georg Fischer. Person und Werk. Hamburg 1997.
Leistner, Maria-Verena: Wilhelm Müllers Schwabenreise 1827. Spuren 26. Marbach a. N. 1994.
Lemme, Günter: Alte Winkel – neue Zeiten. Gedichte und Gedanken. Stuttgart 1993.
Lepman, Jella: Die Kinderbuchbrücke. Stuttgart 1991.
Nick, Friedrich: Stuttgarter Chronik und Sagenbuch. Eine Sammlung denkwürdiger Begebenheiten, Geschichten und Sagen der Stadt Stuttgart und ihrer Gemarkung. Nachdruck Stuttgart 2003.
Ortheil, Hanns-Josef: Blauer Weg. München 1996.
Raabe, Wilhelm: Die Akten des Vogelsangs. Stuttgart 2003.
Stolterfoht, Ulf: holzrauch über heslach. Basel 2007.
Wiedermann, Fritz: Bubenbad und Affenwerner. Wirtshäuser im alten Stuttgart. Stuttgart 1987.

Tour 6

Fröschle, Helmut (Hrsg.): Ludwig Uhland. Werke. Band 1. München 1980.
Kreh, Uli: Die kalten Schönen. Plastiken in Stuttgart. Stuttgart 1993.
Loss, Erich: Giacomo Casanova. Geschichte meines Lebens. Band 6. Berlin 1985.
Marbacher Magazin 5: Lenau in Schwaben. Eine Dokumentation in Bildern. Marbach a. N. 1997.
Marbacher Magazin 39; Ott, Ulrich (Hrsg.): Justinus Kerner. Dichter und Arzt; 1786–1862. Marbach a. N. 1986.
Mattern, Hans (Hrsg.): Da liegst du nun im Sonnenglanz ... Mein Stuttgart wieder da! Karl Gerok: Gedichte und Prosa. Crailsheim 2002.
Nikolai, Friedrich: Unter Bayern und Schwaben. Meine Reise im deutschen Süden 1781. Stuttgart; Wien 1989.
Raff, Gerhard: Herr, schmeiß Hirn ra! Die schwäbischen Geschichten des Gerhard Raff. München 2003.
Schmidt, Jochen (Hrsg.): Friedrich Hölderlin. Gedichte. Frankfurt am Main 1984.
Schoch, Siegfried; Nopper, Frank (Hrsg.): Liebes altes Degerloch. Ein Heimatbuch für Degerloch mit Sonnenberg. Stuttgart 1985.

Dank

Abdruck des Gedichts »Heimat« von Manfred Rommel mit freundlicher Genehmigung der Hohenheim Verlag GmbH. Entnommen aus: Manfred Rommel, Ganz neue Sprüche & Gedichte und andere Einfälle, Hohenheim Verlag GmbH, Stuttgart – Leipzig 2004.

Abdruck des Gedichts »A nett's Erlebnis aus meiner allerfrühesta Jugend« von Ernst Baur mit freundlicher Genehmigung von Rose Rehmann, Stuttgart.

Abdruck des Zitats aus »Wie man sich bettet« von Thaddäus Troll und Susanne Ulrici mit freundlicher Genehmigung von Susanne Bayer, Berlin.

Abdruck der Zitate aus »Der Bruder« von Leni Heidemann mit freundlicher Genehmigung von Friedrich Heidemann, Stuttgart.

Abdruck des Gedichts »Vom Nutzen der Zeitung« von Manfred Rommel mit freundlicher Genehmigung der Hohenheim Verlag GmbH. Entnommen aus: Manfred Rommel, Neue Sprüche & Gedichte, Hohenheim Verlag GmbH, Stuttgart – Leipzig 2000.

Abdruck des Zitats aus »Wo gehörte ich hin?« von Ludwig Greve mit freundlicher Genehmigung von Cornelia Greve-Maier, Berlin.

Abdruck der Zitate aus »Zum Mitnehmen – ein bisschen Heiterkeit« und »Leben und gelebt werden« von Anna Haag mit freundlicher Genehmigung von Rudolf Haag.

Abdruck des Gedichts »Ursprung schwäbischer Klugheit« mit freundlicher Genehmigung der Verlagsgruppe Random House GmbH. Entnommen aus: Manfred Rommel, Manfred Rommels gesammelte Gedichte, © 2001 Deutsche Verlags-Anstalt, München. In der Verlagsgruppe Random House GmbH.

Abdruck des Zitats aus »Sillenbuch & Riedenberg. Zwei Stadt-Dörfer erzählen aus ihrer Geschichte« von Manfred Rommel mit freundlicher Genehmigung von Hermann G. Abmayr, Stuttgart.

Abdruck des Zitats aus »Wer weiss, ob's wahr ist?!?« von Dirk Mende mit freundlicher Genehmigung des Autors.

Abdruck der Zitate aus »Brandung« von Martin Walser mit freundlicher Genehmigung des Suhrkamp Verlags Frankfurt am Main. Entnommen aus: Martin Walser, Brandung © Suhrkamp Verlag Frankfurt am Main 1985.

Abdruck des Gedichts »Am Kernenblick« von Britta Titel mit freundlicher Genehmigung der Autorin.

Abdruck der Zitate aus »Aus den Botnanger Sudelheften« von Reinhard Döhl mit freundlicher Genehmigung von Barbara Döhl.

Abdruck des Zitats von Michael Kiesen von der Internetseite www.michaelkiesen.de mit freundlicher Genehmigung des Autors.

Abdruck des Gedichts aus »Trautelse« von Karl Lieblich mit freundlicher Genehmigung von Eva Fernandes-Lieblich.

Abdruck des Auszugs aus dem Gedicht »Spaziergang durch Stuttgart« mit freundlicher Genehmigung des Verlags Klett-Cotta, Stuttgart. Entnommen aus: Helmut Heißenbüttel. Ödipuskomplex made in Germany. Gelegenheitsgedichte Totentage Landschaften 1965–1980. Klett-Cotta, Stuttgart 1981.

Abdruck des Gedichtes »Von Blumenmalern und Rosentauchern« von Susanne Stephan mit freundlicher Genehmigung der Autorin.

Abdruck der Gedichte aus »Zeitlebens« von Hermann Lenz mit freundlicher Genehmigung von Hanne Lenz, München.

Abdruck der Zitate aus Werken von Hermann Lenz mit freundlicher Genehmigung des © Insel Verlag Frankfurt am Main und Leipzig. Entnommen aus: Hermann Lenz, Andere Tage, Suhrkamp Verlag Frankfurt am Main 1978; Hermann Lenz, Tagebuch vom Überleben und Leben, © Insel Verlag, Frankfurt am Main 1978; Hermann Lenz, Der Wanderer, © Insel Verlag, Frankfurt am Main 1986; Hermann Lenz, Bilder aus meinem Album, © Insel Verlag, Frankfurt am Main 1987.

Abdruck des Gedichts aus »Die Lieder des Georg von der Vring« von Georg von der Vring mit freundlicher Genehmigung von Ela du Guerny, München.

Abdruck der Zitate aus Werken von Peter Handke mit freundlicher Genehmigung des Suhrkamp Verlags Frankfurt am Main. Entnommen aus: Peter Handke, Als das Wünschen noch geholfen hat, © Suhrkamp Verlag Frankfurt am Main 1974.

Abdruck des Zitats aus »Vaterlandstage« von Dieter Schlesak mit freundlicher Genehmigung des Autors.

Abdruck des Zitats von Sudabeh Mohafez von der Webseite www.eukapi.twoday.net mit freundlicher Genehmigung der Autorin.

Abdruck des Gedichtes »Am Nebetisch eme' Stuageter Café« von Josef Eberle mit freundlicher Genehmigung der Verlagsgruppe Random House GmbH. Entnommen aus: Sebastian Blau, Schwäbischer Herbst, © 1973 Deutsche Velags-Anstalt, München. In der Verlagsgruppe Random House GmbH.

Abdruck des Gedichts »Die Augen schöner Frauen« von Hermann Finsterlin mit freundlicher Genehmigung von Frau Andrea Reißer-Finsterlin, Stuttgart.

Abdruck des Zitats aus der Familienchronik der Familie Kunkel Lehmann mit freundlicher Genehmigung von Franz Kunkel, Stuttgart.

Abdruck des Zitats aus »Der Frauenkopfmord« von Christine Lehmann mit freundlicher Genehmigung der Autorin.

Abdruck des Zitats aus »Killesberg Baby« von Thomas D mit freundlicher Genehmigung des Autors.

Abdruck der Auszüge aus dem Gedicht aus »holzrauch über heslach« von Ulf Stolterfoht mit freundlicher Genehmigung des Autors. Entnommen aus: Ulf Stolterfoth, holzrauch über heslach, Verlag Urs Engeler, Basel 2007.

Abdruck des Gedichts aus »Alte Winkel – neue Zeiten« von Günter Lemme mit freundlicher Genehmigung des Autors.

Abdruck des Gedichts »Ets sen dia drei« von Peter Schlack mit freundlicher Genehmigung des Autors.

Abdruck der Zitate von Gerhard Raff mit freundlicher Genehmigung der Verlagsgruppe Random House GmbH. Entnommen aus: Gerhard Raff, Herr, schmeiß Hirn ra! Die schwäbischen Geschichten des Gerhard Raff, © 1995 Deutsche Verlags-Anstalt, München. In der Verlagsgruppe Random House GmbH.

Außerdem dankt der Autor: Frau Gisela Orlopp für die Anregung, das Buch überhaupt zu veröffentlichen. Ute Harbusch für die treu sorgende Unterstützung und das Korrekturlesen. Dank auch an Herrn Dr. Ulrich Schülke für die Überlassung des Manuskripts »Poesie der Weinsteige«. Besonderen Dank ebenfalls an Hermann G. Abmayr, Barbara Döhl, Thomas Dürr, Eva Fernandes-Lieblich, Andrea Finsterlin-Reißer, Gerhard Raff und Britta Titel.

Wir danken allen Fotografen, Bibliotheken und Archiven für die freundliche Genehmigung zum Abdruck.

Bildnachweis

Bernd Möbs: Seite 11, 14 (rechts), 15, 29, 31, 47, 48, 67, 68, 78, 82, 85, 86, 96, 98, 109, 114, 139, 148, 161, 162, 170.
Niels Schubert: Titelbild, 7, 16, 57, 63, 65, 77, 88, 100, 120, 124, 126, 128, 131, 141, 155, 164, 172.
Deutsches Literaturarchiv Marbach am Neckar: 48, 49, 110, 136, 152, 157, 168.
Archiv Thomas Dürr: 39, 40, 42, Umschlagrückseite unten.
Barbara Döhl: 43, 44.
Manfred Grohe: 73, 117.
Landesmedienzentrum Baden-Württemberg: 93, 165.
Privatbesitz: 20, 23.
Mathias Michaelis/Deutsches Literaturarchiv, Marbach am Neckar: 24.
Kunsthalle Tübingen: 14 (links).
Aus den Beständen des Archivs der Universität Hohenheim: 17.
Württembergisches Landesmuseum: 18.
Privatbesitz Rudolf Haag: 26.
Privatbesitz Manfred Rommel: 28.
Rowohlt Verlag/Jim Rakete: 3.
SWR Historisches Archiv/ Privatbild: 52.
Suhrkamp Verlag: 64.
Privatbesitz Hanna Lenz: 69.
Piper-Verlag: 94.
Archiv Schukraft/Haus Preußen: 102 (links).
Andreas »Bear« Läsker: 121.
© Dinter Bros. A.R.R: 122.
naomifearn©2005 a.r.r: 123.
Verlag Urs Engeler Editor: 138.
Privatbesitz Elisabeth Bense-Walther: 159.
Alle übrigen Bilder: Archiv Silberburg-Verlag

Personenregister